大人た……は知らない

10才からのインターネットのルールと使《つか》い方

監修
川島慶
ワンダーファイ代表

マンガ
笠原ひろひと

永岡書店

はじめに

こんにちは！ この本《ほん》を手《て》にとってくれて、また、マンガのページだけじゃなく（笑）、このページを開《ひら》いてくれてありがとう。川島慶《かわしまけい》といいます。教《おし》えている小学生《しょうがくせい》からはアプリ先生《せんせい》とよばれているよ。

『シンクシンク』という、考《かんが》えることが好《す》きになるパズルを集《あつ》めたゲームアプリなどで、遊《あそ》びながら楽《たの》しく学《まな》んでもらう教材《きょうざい》を作《つく》る会社《かいしゃ》を経営《けいえい》しています。

ぼくは日本《にほん》だけでなく、フィリピン、カンボジア、ベトナム、ラオス、モンゴル、インドネシア、東《ひがし》ティモールなどで、１万人以上《まんにんいじょう》の子《こ》どもを教《おし》えてきました。自分《じぶん》が作《つく》って持《も》っていった紙《かみ》のパズルに楽《たの》しそうに取《と》り組《く》んでくれることがうれしくてたまらなくて、それを仲間《なかま》たちとアプリにしたのが、『シンクシンク』です。

この本《ほん》は、インターネットという、ここ30年《ねん》ぐらいの間《あいだ》に世界中《せかいじゅう》の人々《ひとびと》が使《つか》うようになった〝道具《どうぐ》〟の使《つか》い方《かた》、向《む》き合《あ》い方《かた》を書《か》いたものです。インターネットのおかげで、ぼくにとっても、できることはとてつもなく広《ひろ》がっていきました。

小学《しょうがく》４年生《ねんせい》のときにパソコンを使《つか》えるようになって、中学生《ちゅうがくせい》になって友《とも》だちとメールをするようになって、高校生《こうこうせい》になって携帯電話《けいたいでんわ》を持《も》つようになって、大学生《だいがくせい》になったとたんにＳＮＳ《エスエヌエス》がはやり始《はじ》めました。

いっしょに働《はたら》いている仲間《なかま》はSNS《エスエヌエス》のおかげで知《し》り合《あ》えた人《ひと》が多《おお》いし、仕事《しごと》の連絡《れんらく》もSNS《エスエヌエス》がほとんどだし、インターネットがなかったらいまの生活《せいかつ》は成《な》り立《た》たないと言《い》ってもいいほど、インターネットをフル活用《かつよう》した仕事《しごと》をしています。

そんなすばらしいインターネットだけど、道具《どうぐ》には使《つか》い方《かた》があるよね？　そして、自動車《じどうしゃ》や飛行機《ひこうき》、包丁《ほうちょう》、電子《でんし》レンジ……これらを想像《そうぞう》したらわかると思《おも》うけど、便利《べんり》な道具《どうぐ》ほど、使《つか》い方《かた》をまちがえると危険《きけん》なことがたくさんあります。

インターネットもまさにそう。ついゲームに課金《かきん》しすぎてしまったり、だまされてとんでもない額《がく》のお金《かね》を支払《しはら》ってしまったり、SNS《エスエヌエス》から犯罪《はんざい》にまきこまれて命《いのち》の危険《きけん》にさらされることまでもあります。

インターネットは新《あたら》しい道具《どうぐ》で、仕組《しく》みもルールも日々進化《ひびしんか》している。だから、使《つか》い方《かた》もずっと同《おな》じではないし、注意《ちゅうい》が必要《ひつよう》なこともふえていっています。

何《なに》しろ、だまそうとする人《ひと》は、あの手《て》この手《て》で悪《わる》いことを考《かんが》えているからね。

みんなが安全《あんぜん》にインターネットと向《む》き合《あ》えるようになって、インターネットでもたくさんのすてきな出会《であ》いがあることを願《ねが》っています。

きみたちの世界《せかい》がぐ～んと広《ひろ》がりますように。

ちゃん
ちゃん
ザ・二人羽織《ににんばおり》
はじめまして。白崎《しろさき》パールと申《もう》します。小学《しょうがく》4年生《ねんせい》です。
突然《とつぜん》ですが、わが家《や》のIT《アイティー》事情《じじょう》を説明《せつめい》します。
オレはサンゴだぜ!!
あいてぃー小話《こばなし》
うちのきょうだいは、ネットを使《つか》ったりオンラインゲームをしたりするのは、
サンゴの手《て》
家族用《かぞくよう》のタブレットか、パパとママのお古《ふる》のスマホを借《か》りてやることになってます。

しかも、使《つか》えるのは1日《にち》1時間《じかん》だけ!!
ひどくない!?
ガンッッ
いたっ
サンゴの下手《へた》くそ!!
キッズ携帯《けいたい》をわたされても、ネットは使《つか》えないようになってるんだぜ、ひどいよ!!
ひょこっ
急《きゅう》に何《なに》を見《み》せられてるの…。
二《に》人《にん》羽《ば》織《おり》?
ぱっ
古《こ》風《ふう》ですね
ゲームもっとやりたい!
自分専用《じぶんせんよう》のスマホほしい!
SNS《エスエヌエス》やりたい!
ダメです!!
ブーブー

ダメなの!?

ママの反対《はんたい》の理由《りゆう》

マジで!?
あたり!!
100万円《まんえん》
プレゼント
詐欺《さぎ》サイトに引《ひ》っかからないか心配《しんぱい》
姿勢《しせい》や目《め》が悪《わる》くなる
あれ?
見《み》えない…
動画《どうが》をダラダラ見続《みつづ》ける

すべて解決《かいけつ》!!

キミたちの
将来《しょうらい》に役立《やくだ》つ、
インターネットの
あれこれを
教《おし》えちゃうよ!

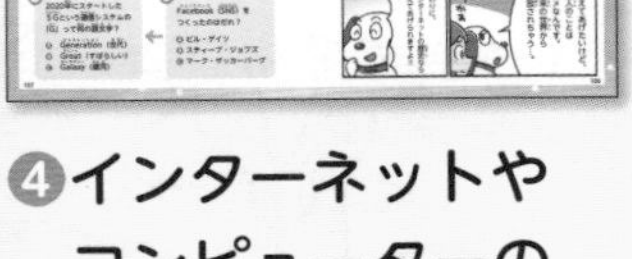
ICTクイズにちょうせん!
インターネットはいつ生まれたの?

❹インターネットやコンピューターのしくみ

友だちがネットいじめにあっているみたいなんです

❺インターネットおなやみ相談室《そうだんしつ》

インターネットは
子《こ》どもが使《つか》っちゃ

子《こ》どもだけの
良《よ》くないヒミツを
持《も》ちそう
会《あ》ったこともない人《ひと》と
やりとりするのは心配《しんぱい》
キヒヒ…
夜《よる》の12時《じ》に
公園《こうえん》ね！
こっそりぬけだそう
アイテムあつめるの手伝《てつだ》ってくれない？

この本《ほん》を読《よ》めば

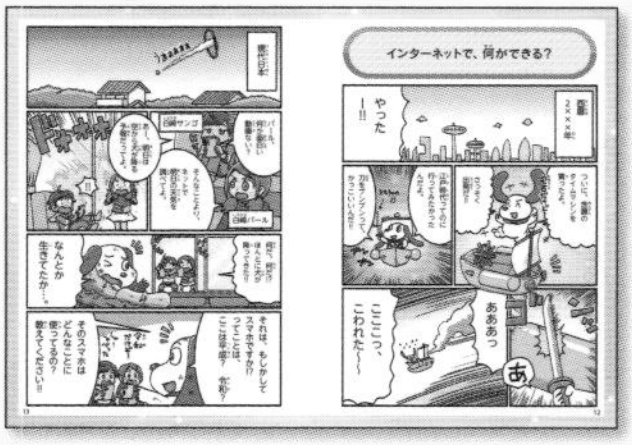

❶インターネットってどんなもの？

❷SNS《エスエヌエス》を使《つか》いこなそう

❸インターネットにもっとくわしくなろう

もくじ

この本《ほん》に出《で》てくる子《こ》たち

白崎家《しろさきけ》の人々《ひとびと》

サンゴ

パールと双子《ふたご》のきょうだい。ズボラで行動《こうどう》がおそいが、興味《きょうみ》があることにはとことん取《と》り組《く》む。オンラインのバトルゲームが大好《だいす》き。

パール

双子《ふたご》のきょうだいのサンゴにダメ出《だ》しをするしっかり者《もの》。スマホは家族《かぞく》で共用《きょうよう》、「子《こ》どもはインターネット1日《にち》1時間《じかん》」という家《いえ》の決《き》まりを変《か》えたいと思《おも》っている。

ほだてパパ

おっとりしていてやさしい。犬《いぬ》がニガテ。戦国武将《せんごくぶしょう》グッズを集《あつ》めるのが趣味《しゅみ》。

なぎさママ

バリバリ働《はたら》くしっかり者《もの》。おっちょこちょいなところもある。ネットショッピングが好《す》き。

シラスン

突然現《とつぜんあらわ》れたナゾの犬《いぬ》。人間《にんげん》の言葉《ことば》を話《はな》せるみたい…!?

リョウくん　**サヨリちゃん**

サンゴとパールの同級生《どうきゅうせい》で友《とも》だち。

PART 1

インターネットってどんなもの？

インターネットで、何《なに》ができる?

西暦《せいれき》2×××年《ねん》
やったー!!
ついに、念願《ねんがん》のタイムマシンを買《か》ったよ。
中古《ちゅうこ》だけど
さっそく出発《しゅっぱつ》だ!!
江戸《えど》時代《じだい》ってのに行《い》ってみたかったんだよ。
おもちゃの刀《かたな》
刀《かたな》をブンブンって、かっこいいんだ!!
ブンブン
ゴ
あ
あああっ
こここっ、こわれた〜〜

現代日本《げんだいにっぽん》
うあああああ
パール、何《なに》か面白《おもしろ》い動画《どうが》ない？
白崎《しろさき》サンゴ
ヒマー
そんなことより、ネットで明日《あした》の天気《てんき》を調《しら》べてよ。
白崎《しろさき》パール
あー、明日《あした》は空《そら》から犬《いぬ》が降《ふ》る予報《よほう》だってよ。
ドォオオ
!!
何《なん》だ、何《なん》だ⁉ ほんとに犬《いぬ》が降《ふ》ってきた‼
パシャ
パシャ
なんとか生《い》きてたか…。
それは、もしかしてスマホですか⁉ ってことは、ここは平成《へいせい》？ 令和《れいわ》？
令和《れいわ》だけど…
しゃ…しゃべった
そのスマホはどんなことに使《つか》ってるの？ 教《おし》えてください‼

ネットでしていることTOP5

令和《れいわ》の小学生《しょうがくせい》は、
インターネットでこんなことをしているよ！

1. 動画《どうが》を見《み》る
2. ゲームをする
3. 検索《けんさく》をする
4. 音楽《おんがく》を聞《き》く
5. メッセージのやりとりや、SNS《エスエヌエス》などに投稿《とうこう》をする

あれえ？
勉強《べんきょう》は？

（内閣府「令和３年度青少年のインターネット利用環境実態調査」より）

ネットでこんなこともできる

勉強《べんきょう》をする

学校《がっこう》では、
1人《ひとり》1台《だい》の
タブレット
12×21=
学習《がくしゅう》アプリも
いろいろある

ニュースを見《み》る

もうすぐ雨《あめ》が降《ふ》るよ。
数十分後《すうじっぷんご》の
天気予報《てんきよほう》も
チェック可能《かのう》

電子書籍《でんししょせき》を読《よ》む

教科書《きょうかしょ》や
マンガも
読《よ》める！

買《か》い物《もの》をする

売《う》ることも
買《か》うことも
できる

ビデオ通話《つうわ》

遠《とお》くにいる人《ひと》とも
顔《かお》を見《み》ながら
つながれる

地図《ちず》を使《つか》う

こっちだ！
MAP
GPS《ジーピーエス》で
居場所《いばしょ》が
わかる

きみは、インターネットをどんなことに利用《りよう》している？　思《おも》いつくだけ挙《あ》げてみよう。

そもそも、インターネットって何《なに》？

ボクはシラスン。
未来《みらい》から来《き》ました。
未来《みらい》から!?
ダレ？犬《いぬ》？
キラキラ
タイムマシンで江戸時代《えどじだい》に行《い》くつもりが、ちょっとしたトラブルで…。
ボロッ
子《こ》どもだと思《おも》ってからかってるでしょ。
いや本当《ほんとう》かもよ。検索《けんさく》してみる!!
タイムマシン
タイムマシンとは過去《かこ》や未来《みらい》を自由《じゆう》に行《い》き来《き》できる、空想上《くうそうじょう》の乗《の》り物《もの》。
うんうん

ほーら、「空想上《くうそうじょう》」だって。やっぱりウソだった！
ウソじゃないです。タイムマシンは未来《みらい》では実現《じつげん》してるんだから!! ネットで調《しら》べても、未来《みらい》のことはわからないでしょ。
まあな。じゃあ、これは…？
しゃべる犬《いぬ》
うーん、シラスンみたいにしゃべる犬《いぬ》の情報《じょうほう》は出《で》て来《こ》ないな。
だって、ボクは未来《みらい》の犬《いぬ》ですから!!
ところで、ふたりは何《なん》でもネットで検索《けんさく》するんだね。
「ネット」がどんなものかわかって使《つか》っていますか？
えっ…
インターネットのことでしょ？いろんなことができるんだよ。
よく知《し》らなくても、使《つか》えてるから問題《もんだい》ないよ？
あーあ こまっちゃうなぁ

インターネットとは

インターネットは、世界中《せかいじゅう》のコンピューターを通信回線《つうしんかいせん》でつないだもの。あみの目《め》のようにつながっていて、世界中《せかいじゅう》の人《ひと》たちがさまざまな情《じょう》報《ほう》をやりとりすることができるんだ。コンピューターをケーブルなどでつなぐ方法《ほうほう》（有線《ゆうせん》）と、目《め》に見《み》えない電波《でんぱ》でつなぐ方法《ほうほう》（無線《むせん》）があって、スマホやタブレットは無線《むせん》でつながっているよ。

小《ちい》さなネットワークがたくさんつながってできている

※使用場所《しようばしょ》は一例《いちれい》です。

インターネットにつながる機器《きき》

パソコンやスマホなどの通信《つうしん》・情報機器《じょうほうきき》のほかに、将来《しょうらい》あらゆるモノがインターネットにつながるようになるといわれているんだ。これをIoT《アイオーティー》（Internet《インターネット》 of《オブ》 Things《シングス》：モノのインターネット）とよぶよ。エアコンや冷蔵庫《れいぞうこ》などの電化製品《でんかせいひん》がインターネットにつながっているのも、この一部《いちぶ》だよ。

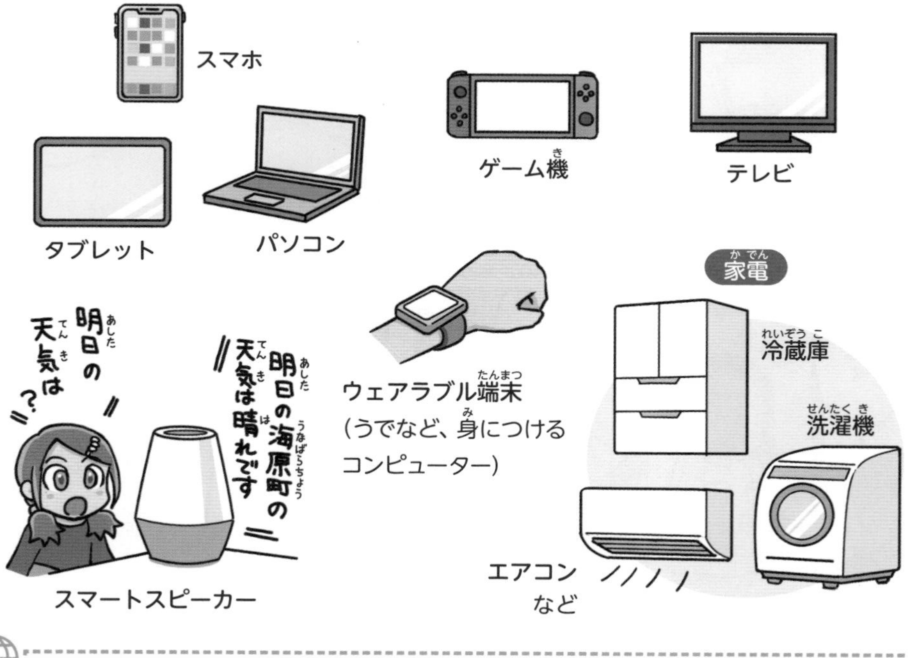

トイレもIoT《アイオーティー》！

おしっこやうんちをすると、トイレがデータを収集《しゅうしゅう》・分析《ぶんせき》して、その人《ひと》の健康状態《けんこうじょうたい》をスマホなどに知《し》らせてくれる、という仕《し》組《く》みをトイレメーカーが開発中《かいはつちゅう》なんだって。

トイレで健康《けんこう》チェックができるようになる日《ひ》も近《ちか》いかも。

画面《がめん》に顔《かお》を近《ちか》づけすぎですよ！

スマホ貸《か》してよ。タイムマシンを直《なお》せるか調《しら》べてみます。
……未来《みらい》の機械《きかい》なのに？
そんなことできる？
ほらっ
パシッ
ワンキュー!!
うわっ、令和《れいわ》のスマホは見《み》づらいなあ。
じーー
ちゃんと勉強《べんきょう》してる？
ママ
コラ！サンゴ!!
画面《がめん》に近《ちか》づきすぎ、目《め》が悪《わる》くなるよ!!
わんっ、ごめんなさい!!
オレじゃないし。
あらっ
画面《がめん》を見《み》るときは顔《かお》をはなそう。姿勢《しせい》にも注意《ちゅうい》!!

スマホやタブレットを使《つか》うときに気《き》をつけること

危《あぶ》ない! 歩《ある》きスマホ

スマホはつい、いつでもどこでも使《つか》いたくなるよね。でも、画面《がめん》を見《み》ていると周《まわ》りに注意《ちゅうい》が向《む》かなくなってしまうから、歩《ある》きながらスマホを使《つか》うのはやめよう。

転《ころ》んだり
つまづいたりする

人《ひと》や自転車《じてんしゃ》、自動車《じどうしゃ》にぶつかる

後《うし》ろから不審者《ふしんしゃ》が
ついてきていても、
気《き》づきにくい

法律《ほうりつ》で禁止《きんし》! 自転車《じてんしゃ》に乗《の》りながらのスマホ

スマホを見《み》ながらの片手運転《かたてうんてん》は周《まわ》りに注意《ちゅうい》が向《む》かずとても危《あぶ》ないよ。事故《じこ》を起《お》こして、自分《じぶん》だけでなくだれかにけがをさせてしまう場合《ばあい》もある。

自転車《じてんしゃ》は自動車《じどうしゃ》（車両《しゃりょう》）の仲間《なかま》だから、交通違反《こうつういはん》で罰《ばっ》せられることもあるぞ。

使《つか》う場所《ばしょ》を考《かんが》えよう

室内《しつない》で大勢《おおぜい》の人《ひと》がいるような場所《ばしょ》では、音《おと》が出《で》ない**マナーモード**にしておくといいよ。電源《でんげん》オフや通話禁止《つうわきんし》が求《もと》められる場合《ばあい》もあるので、それぞれの指示《しじ》にしたがおう。

病院《びょういん》

図書館《としょかん》

美術館《びじゅつかん》や博物館《はくぶつかん》

病院《びょういん》はエリアごとに電《でん》源《げん》オフ、通話禁止《つうわきんし》、マナーモードなどと決《き》められている。

映画館《えいがかん》やコンサート会場《かいじょう》

バスや電車《でんしゃ》など公共《こうきょう》の乗《の》り物《もの》

画面《がめん》にロックをかけよう

スマホなどをなくしてしまったときのために、ロックをかけておこう。そうしておくと、他人《たにん》に勝手《かって》にスマホを使《つか》われるのを防《ふせ》ぐことができるよ。自分《じぶん》の家《いえ》にかぎをかけるのと同《おな》じことだね。

パスワードは、New10PA…
ふむふむ
勝手《かって》に見《み》ないでよ！

目《め》を守《まも》ろう

- 画面《がめん》を見《み》るときは姿勢《しせい》を正《ただ》して、30～40㎝《センチ》以上《いじょう》目《め》をはなす。

- 30分《ぷん》に１回《かい》、休《きゅう》けい時《じ》間《かん》をとって目《め》を休《やす》める。休《きゅう》けい中《ちゅう》は、６ｍ《メートル》先《さき》を20秒《びょう》ほどながめるといいよ。

- 意識的《いしきてき》にパチパチとまばたきをする。

タブレットやスマホは、専用《せんよう》のスタンドを使《つか》うといいよ。
台《だい》などで高《たか》さを調整《ちょうせい》して使《つか》おう。

動画《どうが》などに夢中《むちゅう》になっていると、休《きゅう》けいなしでずっと見続《みつづ》けてしまうことがあるよね。いつのまにか顔《かお》が画面《がめん》に近《ちか》づいてしまうこともあるから気《き》をつけよう。

ぐっすりねむるために

夜《よる》ねむる１時間前《じかんまえ》から、スマホやパソコンなどを使《つか》うのはひかえよう。画面《がめん》からはブルーライトという光《ひかり》が出《で》ていて、ねる前《まえ》にこの光《ひかり》を浴《あ》びると、よくねむれなくなってしまうんだ。

ブルーライトは太陽《たいよう》の光《ひかり》にもふくまれていて、昼間《ひるま》に浴《あ》びると活《かつ》動的《どうてき》になれるものだけど、ねむる前《まえ》に浴《あ》びるのはよくないんだ。

じー

その情報《じょうほう》は本当《ほんとう》に正《ただ》しい？

ママさん、あいさつもせずにご無礼《ぶれい》をいたしました。未来《みらい》から来《き》たシラスンと申《もう》します。
ぺこり
とっても礼儀正《れいぎただ》しい犬《いぬ》さんね。
インターネットのことにもくわしいんだよ。
実《じつ》はボク、今《いま》とっても困《こま》っています。タイムマシンを修理《しゅうり》する間《あいだ》、白崎《しろさき》さんのお宅《たく》に置《お》いてもらえませんか？
シラスン、かわいそう…。
いいぜ!!
うちは犬《いぬ》はダメなのよ。拾《ひろ》ってきたところに返《かえ》してきなさい。
捨《す》て犬《いぬ》じゃないんだけど…。

何《なん》で ダメなの!?
シラスンは 住《す》むところが ないんだよ!!
ダメよ!!
だってパパが…
ママー!!
ばーん
見《み》て見《み》て!! ネットに こんな情報《じょうほう》が 出《で》てるよ!!
海原町《うなばらちょう》でUFO《ユーフォー》か!?
近所《きんじょ》で UFO《ユーフォー》を 見《み》たって!!
すご〜い
ちょっと待《ま》って!! ネットの情報《じょうほう》を うのみにしちゃ いけない…
い
犬《いぬ》ーー!!!!
バターン
あ

ネットの情報《じょうほう》の特《とく》ちょう

正《ただ》しくない情報《じょうほう》もたくさんある

だれでも気軽《きがる》に情報《じょうほう》を発信《はっしん》できるのもネットのいいところ。でもそれは、まちがった情報《じょうほう》を広《ひろ》めてしまうことにもつながるんだ。また、匿名《とくめい》（名前《なまえ》をかくすこと）で、わざとウソやうわさを発信《はっしん》するような人《ひと》もいるから、ネット上《じょう》の情報《じょうほう》はそのまますぐに信《しん》じないでよく確《たし》かめてから受《う》け取《と》るようにしよう。

《 調《しら》べ学習《がくしゅう》には… 》

- 官公庁《かんこうちょう》や公共《こうきょう》施設《しせつ》
- 大手《おおて》の企業《きぎょう》やメーカー

公式《こうしき》ホームページがおすすめだよ。

その情報《じょうほう》を信《しん》じる前《まえ》にチェック！

- ☑ **いつ、だれが書《か》いたものかな？**
  古《ふる》い情報《じょうほう》はさけて、できるだけ新《あたら》しいものをさがそう。
- ☑ **ネット以外《いがい》のメディアでも報道《ほうどう》されているかな？**
  新聞《しんぶん》やテレビ、本《ほん》などではどう説明《せつめい》されているかを見《み》てみよう。
- ☑ **ネット上《じょう》の他《ほか》のウェブサイトでも調《しら》べたかな？**
  複数《ふくすう》のサイトを見比《みくら》べて判断《はんだん》しよう。
- ☑ **見出《みだ》しだけで判断《はんだん》していないかな？**
  記事《きじ》の本文《ほんぶん》もきちんと読《よ》もう。

一度《いちど》発信《はっしん》した情報《じょうほう》は、ネット上《じょう》にずっと残《のこ》る

この写真《しゃしん》消《け》しておいて。
もうみんなもってるよ。

世界中《せかいじゅう》のだれでも見《み》ることができる

広《ひろ》まるスピードが速《はや》い

LIVE
ニュース
LIVE
ニュース
LIVE
ニュース

自分《じぶん》に都合《つごう》のよい情報《じょうほう》ばかり、表示《ひょうじ》される

おすすめ動画《どうが》
おすすめ商品《しょうひん》
イイネ
きみの意見《いけん》に賛成《さんせい》

はっ
UFO《ユーフォー》を探《さが》しに行《い》かないと!!
パパ、ネットの情報《じょうほう》をそのまま信《しん》じちゃダメなんだって。
そ…そう?
バターン
犬《いぬ》ーー!!!!
また?

インターネットを安全《あんぜん》に楽《たの》しく使《つか》いこなそう

パパ、大丈夫《だいじょうぶ》？
いたた…
子《こ》どものころに犬《いぬ》にほえられてから、ずっと苦手《にがて》なんです…。
ボクはほえないし、かみつきもしませんよ。
未来《みらい》のこの首輪《くびわ》で、人間《にんげん》の言葉《ことば》も話《はな》せるんです。
さらに、あらゆる時代《じだい》のIT《アイティー》にも超《ちょう》くわしい。
スーパースゴイ犬《いぬ》なのです!!
いいこと思《おも》いついた!! タイムマシンが直《なお》るまで、シラスンをうちにとめてあげようよ。その代《か》わりに、インターネットについて教《おし》えてもらうっていうのはどう？
それいい、パール天才《てんさい》!!
パパがいいって言《い》うかしら…。

いいでしょう！
この犬《いぬ》さんは
ほえないみたいだし、
ワタシもインターネットに
ついてちゃんと知《し》りたいです。
やったー!!
次《つぎ》の日《ひ》
トンテンカン
何《なに》してるの？
シラスンの
犬小屋《いぬごや》を
作《つく》ってるの。
犬小屋《いぬごや》〜？
ぼくはエアコンのきいた室内《しつない》で快適《かいてき》にくらしたい…
カンカン
ゴン
いたっ!!
かなづちを
使《つか》うときは
気《き》をつけないと!!
気《き》をつけるのは、
インターネット
だけじゃないよ。
もうっ!!

インターネットは便利《べんり》な“道具《どうぐ》”

ネットでできることはたくさんあるよね。でも、いろいろなことができるということは、それだけトラブルも多《おお》くなるということだよ。“道具《どうぐ》”にふりまわされないように正確《せいかく》な知識《ちしき》を手《て》に入《い》れて使《つか》いこなそう！

情報《じょうほう》
情報《じょうほう》
情報《じょうほう》
安全《あんぜん》に楽《たの》しく
使《つか》いこなす!!
12÷3=

インターネットのおなやみは？

ねむい…
ふわ〜

小学《しょうがく》４〜６年生《ねんせい》にアンケートをとったところ、「インターネットにのめりこんで勉強《べんきょう》に集中《しゅうちゅう》できなかったり、睡眠《すいみん》不足《ぶそく》になったりしたことがある」という質問《しつもん》に「はい」と答《こた》えた子《こ》が多《おお》かったんだ。きみは大丈夫《だいじょうぶ》かな？

（内閣府「令和３年度青少年のインターネット利用環境実態調査」より）

現実《げんじつ》の世界《せかい》でしないことは、ネット上《じょう》でもしない

たとえば、道《みち》を歩《ある》いていて知《し》らない人《ひと》に声《こえ》をかけられてもついていかないし、自分《じぶん》の名前《なまえ》や住《す》んでいる場所《ばしょ》を教《おし》えたりはしないよね。

現実《げんじつ》で「こんなことはしないな」「してはいけないな」と思《おも》うことは、ネット上《じょう》でもしてはいけないよ。

いや!!
いっしょにあそぼう

現実《げんじつ》

だれ?
ダメだよ!
今度《こんど》あそぼう
いーよ!

ネット

じゃ〜〜ん
シラスンの小屋《こや》、できたよ!!
それ住《す》める?
このUFO《ユーフォー》って、シラスンのタイムマシンですか?
もしかして
ばれちゃいましたか…。さわぎになっちゃうから、ナイショにしてください。
おねがい!!

きみが今《いま》までインターネットでこまったことはある？　それは、どんなこと？

コラム 1 アバターの世界《せかい》、メタバース！

　メタバース、アバターって聞《き》いたことあるかな。アバターはネット上《じょう》での自分《じぶん》の分身《ぶんしん》みたいなもの。自分《じぶん》そっくりの姿《すがた》でもいいし、異性《いせい》や動物《どうぶつ》や、モンスター、ロボットみたいにもなれる。メタバースは、このアバターを使《つか》って動《うご》き回《まわ》れる、ネット上《じょう》に作《つく》られた３Ｄ《スリーディー》の仮想空《かそうくう》間《かん》のことなんだ。さらに、専用《せんよう》のVR《ブイアール》ゴーグルを使《つか》うと、360度《ど》ぐるっとメタバースの世界《せかい》を体感《たいかん》できるよ。体《からだ》は現実《げんじつ》の世界《せかい》にあるのに、まるで自分《じぶん》がメタバースの中《なか》にいるみたいになるんだ。

あの大人気《だいにんき》ゲームもメタバース!?

『マインクラフト』『あつまれ どうぶつの森《もり》』『フォートナイト』、どれも大人気《だいにんき》のゲームだね。これらもメタバースの世界《せかい》のひとつだよ。ゲームをしたり、オンラインでつながった人《ひと》たちがアバターを使《つか》ってコミュニケーションをとったり。でも、メタバースでできることは、ゲームだけじゃないんだ！

コラム2へ続《つづ》く！

《保護者のかたへ》オンライン上でコミュニケーションや経済活動ができる三次元の仮想空間をメタバースとしています。VRゴーグルは、本格的なヘッドマウントディスプレイの場合、推奨年齢は13才以上とされています。また、『フォートナイト』の対象年齢は、CEROレーティングで15才以上です。

PART 2

SNS《エスエヌエス》を使《つか》いこなそう

SNS《エスエヌエス》デビューができるのはいつ？

タイムマシンは直《なお》りそう？
うーん、ダメかも…。燃料《ねんりょう》の代用品《だいようひん》が見《み》つからないんです。
オレらがついてるもん、なんとかなるって!!
インターネットで燃料《ねんりょう》になりそうなものを探《さが》してみては？
パパさん遠《とお》いなあ…
まだ少《すこ》しこわいのね
よし、オレがSNS《エスエヌエス》で聞《き》いてみるぜ。
子《こ》どもにはSNS《エスエヌエス》はまだ早《はや》い!!
えーなんでーー？
それは…とにかく危《あぶ》ないからよ。
なんでー!?
ここはボクにおまかせあれ!!

SNS《エスエヌエス》とは

SNS《エスエヌエス》（Social《ソーシャル》 Networking《ネットワーキング》 Service《サービス》）は、ネットを利用《りよう》して家族《かぞく》、友《ゆう》人《じん》、同《おな》じ趣味《しゅみ》を持《も》つ人《ひと》などとコミュニケーションをとるためのものだよ。LINE《ライン》 や Twitter《ツイッター》など、企業《きぎょう》がサービスを提供《ていきょう》しているよ。

アカウントを作《つく》るとSNS《エスエヌエス》の利用《りよう》ができるけれど、年齢制限《ねんれいせいげん》があるので、小学生《しょうがくせい》は家《いえ》の人《ひと》といっしょに使《つか》おうね。

SNS《エスエヌエス》でできるコミュニケーション

同《おな》じSNS《エスエヌエス》を利用《りよう》している人《ひと》どうしで、メッセージのやりとりをしたり、自分《じぶん》が書《か》いた文章《ぶんしょう》、撮影《さつえい》した写真《しゃしん》や動画《どうが》を見《み》せ合《あ》うことができるよ。

ちがう年代《ねんだい》の人《ひと》や遠《とお》い場所《ばしょ》に住《す》む人《ひと》ともつながれる！
共通《きょうつう》の話題《わだい》でもり上《あ》がれるから楽《たの》しい！
自分《じぶん》の投稿《とうこう》に対《たい》して、「いいね！」と言《い》ってもらえる！

キケン!

SNS《エスエヌエス》にひそむ危険《きけん》…!?

SNS《エスエヌエス》には、ふだんなら知《し》り合《あ》うことのない人《ひと》とつながる楽《たの》しさがある。その一方《いっぽう》で、どんな人《ひと》とつながるかわからない危険《きけん》な面《めん》もあるんだ。**相手《あいて》が見《み》えないというこわさ**があることも覚《おぼ》えておいてね。

（➡くわしくは58ページ）

会《あ》いたいなぁ

主《おも》なSNS《エスエヌエス》の種類《しゅるい》

LINE
(ライン)

メッセージや写真《しゃしん》、動《どう》画《が》のやりとりができるメッセージ系《けい》のSNS《エスエヌエス》。通話《つうわ》やお金《かね》のやりとりなどもできる。日本《にほん》でいちばん使《つか》われているSNS《エスエヌエス》で、小学生《しょうがくせい》の利用《りよう》には保護者《ほごしゃ》の許可《きょか》が必要《ひつよう》だよ。

YouTube
(ユーチューブ)

動画共有《どうがきょうゆう》サイト。アカウントを作《つく》ることができるのは13才《さい》から。アカウントがないと書《か》きこみなどができないけれど、動《どう》画《が》はだれでも見《み》ることができるよ。子《こ》ども向《む》けの「YouTube《ユーチューブ》 Kids《キッズ》」もある。

Instagram
(インスタグラム)

写真《しゃしん》や動画《どうが》を投稿《とうこう》できる。コメントを書《か》いて他《ほか》の人《ひと》とつながることができるよ。「インスタ映《ば》え」という言葉《ことば》、聞《き》いたことあるかな？　利用《りよう》は13才《さい》から。

Twitter
(ツイッター)

ツイート（つぶやき）といわれる140文字以内《もじいない》のメッセージや写真《しゃしん》、動画《どうが》の投稿《とうこう》ができる。災害時《さいがいじ》の情報発信《じょうほうはっしん》にも強《つよ》いといわれているよ。利用《りよう》は13才《さい》から。

TikTok
(ティックトック)

動画共有《どうがきょうゆう》サイト。15秒《びょう》～60秒程度《びょうていど》の短《みじか》い動画《どうが》の投稿《とうこう》が多《おお》い（最長《さいちょう》は10分《ぷん》）よ。短《みじか》いから視聴《しちょう》も撮影《さつえい》も気軽《きがる》で、10～20代《だい》の若《わか》い利用者《りようしゃ》が多《おお》い。利用《りよう》は13才《さい》から。

Facebook
(フェイスブック)

メッセージや写真《しゃしん》、動《どう》画《が》を投稿《とうこう》できるよ。他《ほか》のSNS《エスエヌエス》と大《おお》きくちがう点《てん》は、実名《じつめい》で利用《りよう》するところ。利用《りよう》は13才《さい》から。

きみは、どのSNS《エスエヌエス》をどんなふうに使《つか》ってみたい？

《保護者のかたへ》2023年３月現在の情報です。詳細な年齢制限・利用方法は、それぞれの利用規約を参照してください。

メール・SMS《エスエムエス》とは

メールは「×××@▲▲.ne.jp」のような「@《アットマーク》」のつくメールアドレスあて、SMS《エスエムエス》（Short《ショート》 Message《メッセージ》 Service《サービス》）は電話番号《でんわばんごう》あてにメッセージを送《おく》るものだよ。どちらも、SNS《エスエヌエス》のように大勢《おおぜい》の人《ひと》に自分《じぶん》の作品《さくひん》を見《み》せたり、広《ひろ》くつながったりするしくみはないよ。

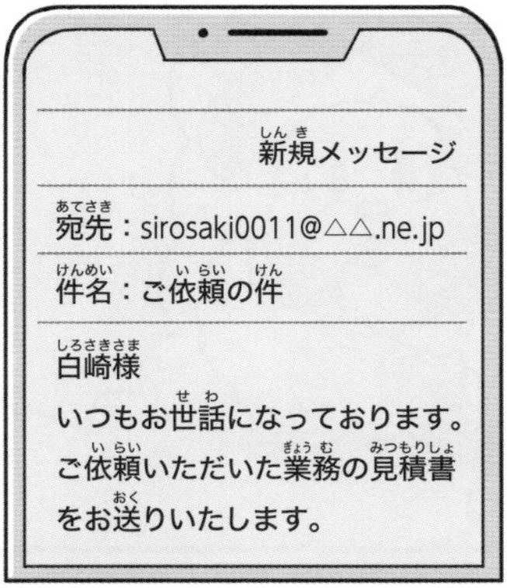
新規《しんき》メッセージ
宛先《あてさき》：sirosaki0011@△△.ne.jp
件名《けんめい》：ご依頼《いらい》の件《けん》
白崎様《しろさきさま》
いつもお世話《せわ》になっております。
ご依頼《いらい》いただいた業務《ぎょうむ》の見積書《みつもりしょ》
をお送《おく》りいたします。

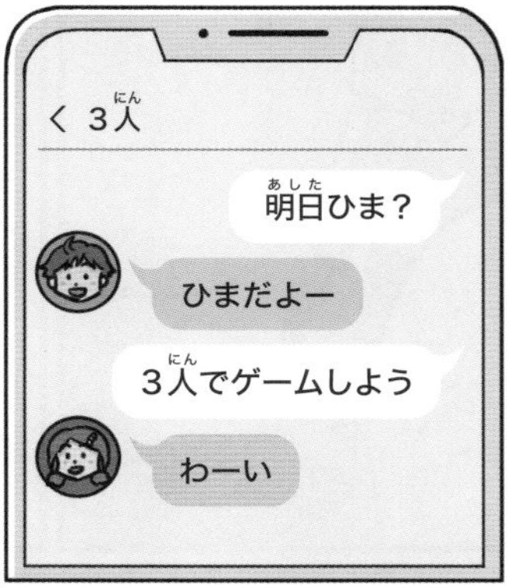
く 3人《にん》
明日《あした》ひま？
ひまだよー
3人《にん》でゲームしよう
わーい

メールを送《おく》るときは、メールアドレスを正《ただ》しく入力《にゅうりょく》しよう！ １文字《もじ》でもまちがえると、届《とど》かないよ。

SMS《エスエムエス》は、チャットのようにおしゃべり感覚《かんかく》のやりとりもできるよ。

小学生《しょうがくせい》だとアカウントを作《つく》れないものも多《おお》いね。早《はや》くSNS《エスエヌエス》を使《つか》いたいなあ。
それでは、タイムマシンの研究《けんきゅう》をしている人《ひと》がいないか、ワタシがSNS《エスエヌエス》に書《か》きこんでみますね。
!!
パパさん、ダメです!! タイムマシンのことが知《し》られたら、大《おお》さわぎになっちゃう…。
そうだった!!

個人情報《こじんじょうほう》を守《まも》れ!

タイムマシンのことは、ボクの重要《じゅうよう》な個人情報《こじんじょうほう》です。
バッ!!
極秘《ごくひ》!! 家庭外秘《かていがいひ》!! トップシークレット!!
すいません
個人情報《こじんじょうほう》があるって、何《なに》かかっこいいなあ。
はぁ?
みんなにあるわよ。
えっ、そうなの?
タイムマシンみたいなヒミツもってないけど…
個人情報《こじんじょうほう》とは、どこのだれかがわかるような情報《じょうほう》のことで、
だれもが見《み》られるネットに出《だ》すのはダメなんです。
たとえば…名前《なまえ》はもちろん
顔写真《かおじゃしん》とか
生年月日《せいねんがっぴ》とか
なんで?
はいはい、説明《せつめい》はおまかせあーれ!!

??クエスチョン！

個人情報《こじんじょうほう》はどれかな？

答《こた》えは次《つぎ》の
ページ！

ネット上《じょう》に出《だ》さないほうがいい個人情報《こじんじょうほう》を選《えら》ぼう。

✔ 名前《なまえ》　学校名《がっこうめい》　学年《がくねん》・クラス

白崎《しろさき》サンゴ
海原小学校《うなばらしょうがっこう》
４年《ねん》２組《くみ》

✔ 住所《じゅうしょ》

〒000-0000
△△県《けん》○○市《し》
海原町《うなばらちょう》 0-00-0

✔ 電話番号《でんわばんごう》

090-000-0000

✔ SNS《エスエヌエス》などのID《アイディー》とパスワード

✔ だれかわかる写真《しゃしん》

✔ 習《なら》い事《ごと》の名前《なまえ》や場所《ばしょ》

✔ 家族《かぞく》の名前《なまえ》

白崎《しろさき》ほだて（父《ちち》）
白崎《しろさき》なぎさ（母《はは》）
白崎《しろさき》パール（姉《あね》）

✔ 年《ねん》れいや性別《せいべつ》

20××年《ねん》
4月《がつ》15日生《にちう》まれ
10才《さい》　男《おとこ》

✔ メールアドレス

sangokun@mail.●●.jp

✔ 親《おや》の職業《しょくぎょう》や勤《つと》め先《さき》など

ママは、ワンテンドー株式会社《かぶしきがいしゃ》の部長《ぶちょう》です。

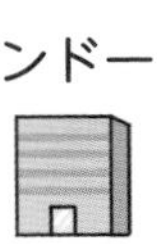

パパは、ニャンコ学院《がくいん》で歴史《れきし》の先生《せんせい》をしています。

✔ 読《よ》んだマンガのタイトルと感想《かんそう》

coral×××
『2100年《ねん》シラスンの旅《たび》』最新刊《さいしんかん》がちょーおもしろかった！
おすすめ！

個人情報《こじんじょうほう》を出《だ》してはいけない理由《りゆう》

悪用《あくよう》されると、トラブルや犯罪《はんざい》につながる

世界中《せかいじゅう》のいろんな人《ひと》がネットを見《み》ているよ。どこのだれかが特定《とくてい》されてしまうと、悪質《あくしつ》ないたずらをされたり、自宅《じたく》や学校《がっこう》などで待《ま》ちぶせをされたりするかもしれない。

おまたせしましたー
たのんでないよ
PIZZA

悪質《あくしつ》ないたずら

こんなの書《か》いてないのに
バーカ
バーカ
バーカ
バーカ

自分《じぶん》のSNS《エスエヌエス》を勝手《かって》に使《つか》われる（のっとり）

待《ま》ちぶせやつきまとい

個人情報《こじんじょうほう》を出《だ》さないように注意《ちゅうい》しても、さまざまな方法《ほうほう》で情報《じょうほう》をだましとろうとする人《ひと》たちもいるから用心《ようじん》しよう。（➡くわしくは 58、62ページ）

個人情報《こじんじょうほう》の入力《にゅうりょく》が必要《ひつよう》なときは、家《いえ》の人《ひと》に確《たし》かめてから！

SNS《エスエヌエス》を使《つか》い始《はじ》めるとき、アプリを新《あたら》しくダウンロードするとき、ネットショップで買《か》い物《もの》をするとき、オンラインゲームで遊《あそ》ぶときなど、個人情報《こじんじょうほう》を入力《にゅうりょく》しなくてはいけない場面《ばめん》があるよね。そんなときは、勝手《かって》に入力《にゅうりょく》をしないで、安全《あんぜん》なサイトかどうかを家《いえ》の人《ひと》に確《たし》かめてもらってからにしよう。

はい OK！

※39ページの答《こた》え：「読《よ》んだマンガのタイトルと感想《かんそう》」以外《いがい》はすべてネットに出《だ》してはいけない！

個人情報《こじんじょうほう》を守《まも》るには

家族《かぞく》や友《とも》だちの個人情報《こじんじょうほう》も出《だ》さないで

ぼくの大親友《だいしんゆう》
海原小学校《うなばらしょうがっこう》
4年《ねん》2組《くみ》の
八角《はっかく》リョウくん
めっちゃいいヤツ！
投稿《とうこう》する
投稿《とうこう》っと

こんなのはダメ！

友《とも》だちの個人情報《こじんじょうほう》を勝手《かって》に出《だ》してはけないよ。また、友《とも》だちの情報《じょうほう》からきみの情報《じょうほう》も間接的《かんせつてき》にわかってしまうことがある。

何気《なにげ》ない情報《じょうほう》にも気《き》をつけよう

近所《きんじょ》の海《うみ》くらげ公《こう》園《えん》の花火大会《はなびたいかい》へ行《い》ったよ
ツイートする

パッと見《み》は問題《もんだい》がなさそうだけど、自宅《じたく》の場所《ばしょ》がわかる情報《じょうほう》がふくまれているぞ。

「近所《きんじょ》の」を書《か》かない！

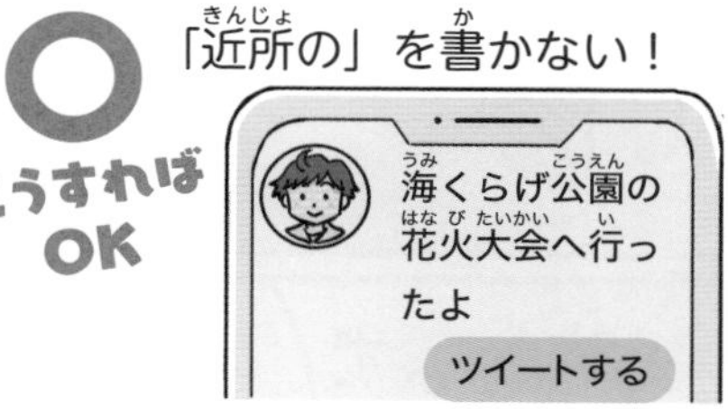
こうすればOK
海《うみ》くらげ公園《こうえん》の花火大会《はなびたいかい》へ行《い》ったよ
ツイートする

公園《こうえん》の名前《なまえ》を出《だ》さない！

こうすればOK
近所《きんじょ》の花火大会《はなびたいかい》へ行《い》ったよ
ツイートする

ふたりとも、宿題《しゅくだい》したの!?
マンガ
ゲーム
ドキーン
個人情報《こじんじょうほう》だから見《み》せられませーん!!
ケケケ
宿題《しゅくだい》
宿題《しゅくだい》
えっ、それも個人情報《こじんじょうほう》なの？
ちがいまーす

メッセージはていねいに！

どうやら、燃料《ねんりょう》の代《か》わりになるものは令和《れいわ》の時代《じだい》にはまだないみたい…。
燃料《ねんりょう》がなかったら、未来《みらい》にはもどれないの？
♪
そう…。
しょぼーん
そっ、そんなに落《お》ちこまないで。
え
この家《いえ》に住《す》めばいいよ!!
ずっといっしょにいよう
え…
え…
えー!!
なんでー!?
びくっ
どうしたの!?
メッセージを送《おく》ったら、サヨリちゃんがおこっちゃって…。
なんで？？

急《きゅう》におこっちゃったの、どうしたんだろう?
<サヨリちゃん
パール
明日《あした》の買《か》い物《もの》、楽《たの》しみだなあ
サヨリ
エイちゃんとナギちゃんも来《く》るって
パール
やったー!サヨリちゃんは何《なん》で来《く》るの?
サヨリ
えっ、来《く》るなってこと?ひどい…。もう行《い》かない!!
あっ、わかった!!これはね…
「何《なん》で来《く》るの?」をかんちがいしちゃったんじゃないかな。
サヨリちゃんは何《なん》で来《く》るの?
パール
どうやって待《ま》ち合《あ》わせ場所《ばしょ》に来《く》るの?
⬆パールはこっちのつもりで書《か》いた
どうして来《く》るの?(来《こ》なくていいのに)
⬆サヨリちゃんはこっちだと思《おも》った
そんな…
文字《もじ》だけのやりとりって、むずかしいんだね。
どうしよう…
ここもボクの出番《でばん》!!おまかせあーれ。

文字《もじ》だけのやりとりは誤解《ごかい》が生《う》まれやすい

意図《いと》が伝《つた》わりにくい場合《ばあい》がある

文字《もじ》だけのやりとりは、会話《かいわ》をするのとちがって、相手《あいて》の表情《ひょうじょう》や声《こえ》の調子《ちょうし》などがわからないよね。だから、コミュニケーションをとるのがむずかしくなるんだ。説明《せつめい》の言葉《ことば》をつけ加《くわ》えて、自分《じぶん》の気持《きも》ちが伝《つた》わるように書《か》こう。

伝《つた》わりにくい！

文字《もじ》のだけのやりとり

話《はな》す速《はや》さ
声《こえ》の調子《ちょうし》
身《み》ぶり
視線《しせん》
表情《ひょうじょう》
でさー
わかるー
伝《つた》わりやすい！

直接会《ちょくせつあ》って話《はな》す

２通《とお》りの意味《いみ》に読《よ》めてしまう言《い》い方《かた》

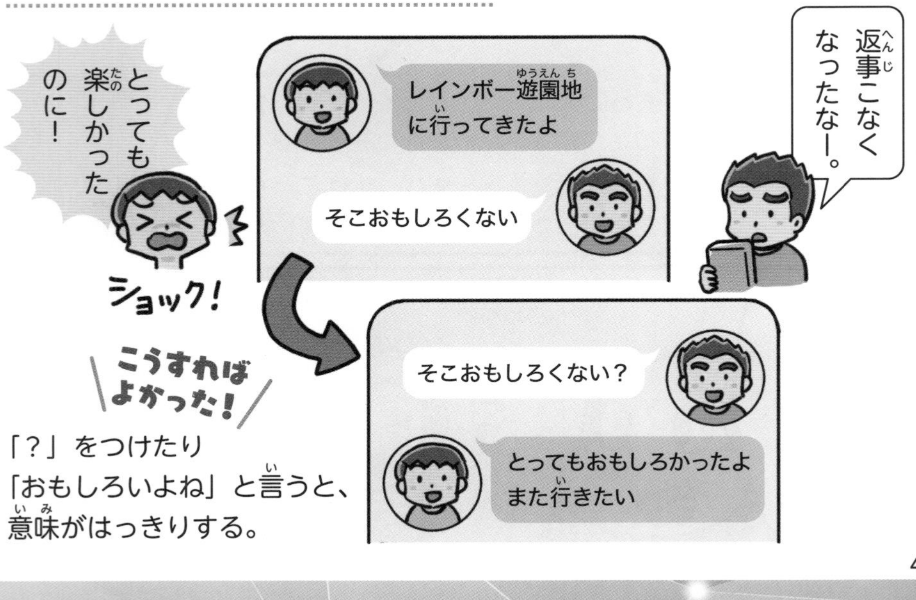
レインボー遊園地《ゆうえんち》に行《い》ってきたよ
そこおもしろくない
とっても楽《たの》しかったのに！
ショック！
返事《へんじ》こなくなったなー。
そこおもしろくない？
とってもおもしろかったよ また行《い》きたい
こうすればよかった！

「？」をつけたり「おもしろいよね」と言《い》うと、意味《いみ》がはっきりする。

楽《たの》しくやりとりするには

メッセージを送《おく》る前《まえ》に読《よ》み直《なお》そう

サヨリちゃんはどうやって来《く》るの？
駅《えき》まで自転車《じてんしゃ》で行《い》くよ

そのメッセージを送《おく》る前《まえ》にチェック！

- ☑ちがう意味《いみ》に読《よ》めてしまう文《ぶん》章《しょう》になっていないかな？
- ☑悪口《わるくち》や相手《あいて》を傷《きず》つけるような文章《ぶんしょう》になっていないかな？

受《う》け取《と》ったメッセージの意味《いみ》がわからないときは、相手《あいて》に確《たし》かめよう

よくわからないまま返事《へんじ》を書《か》いてしまうと、そこから誤解《ごかい》が生《う》まれてもめる原因《げんいん》にもなってしまうよ。そうならないように、電話《でんわ》などで直接《ちょくせつ》相手《あいて》と話《はな》して確《たし》かめよう。

さっきの返事《へんじ》のことだけどね…。

心配《しんぱい》なときは、家《いえ》の人に内容《ないよう》を確認《かくにん》してもらおう

これで大丈夫《だいじょうぶ》かな？

もし、いやな思《おも》いをさせてしまったら素直《すなお》にあやまろう

バカなんて言《い》うことないだろ。
ごめん。じょうだんのつもりだったんだ。

写真《しゃしん》や動画《どうが》の投稿《とうこう》には危険《きけん》がいっぱい！

未来《みらい》へ帰《かえ》れなくてもぼくらがいるよ？
元気《げんき》だして!! おいしいものがいっぱいあるよ。
ママのお弁当《べんとう》はサイコーなんだよ
ワンワンワーン!!
わっ… わん… わ…
家《いえ》の外《そと》で令和《れいわ》の犬《いぬ》のふりするの、大変《たいへん》…。
すいませんでしたー
ワンワン
パシャ
パシャ
四足歩行《よんそくほこう》なれないです…
SNS《エスエヌエス》に投稿《とうこう》するから、いい写真《しゃしん》とってね。
イエーイ
まかせてー
パシャ
パシャ
わんわん!! (写真《しゃしん》や動画《どうが》を投稿《とうこう》するなら)
わんわん!! (まず、ボクの説明《せつめい》を聞《き》いて)

気《き》をつけたい写真《しゃしん》や動画《どうが》の投稿《とうこう》

個人情報《こじんじょうほう》のわかるものが写《うつ》っていないかチェックしよう

写真《しゃしん》１枚《まい》からわかる情報《じょうほう》は少《すく》なくても、たくさん集《あつ》まると撮影場所《さつえいばしょ》が推測《すいそく》できて、投稿《とうこう》した人《ひと》のおおよその住所《じゅうしょ》や通《かよ》っている学校《がっこう》までわかってしまうこともあるんだ。

夕焼《ゆうや》けがキレイ！

いつもの散歩《さんぽ》コース
××町0丁目

今《いま》、ここにいます
Sea《シー》 Food《フード》
レストラン

その写真《しゃしん》・動画《どうが》を投稿《とうこう》する前《まえ》にチェック！

- ☑目立《めだ》つ建物《たてもの》がうつっていないかな？
- ☑電信柱《でんしんばしら》の番地《ばんち》が写《うつ》っていないかな？
- ☑制服《せいふく》やユニフォームがうつっていないかな？
- ☑自分《じぶん》の居場所《いばしょ》を知《し》らせてしまっていないかな？

カメラの“位置情報《いちじょうほう》サービス”をオフにしよう

家《いえ》の人《ひと》に、スマホの位置情報《いちじょうほう》（GPS《ジーピーエス》）をオフにしてもらおう。オンにしたまま撮影《さつえい》した写真《しゃしん》には、ジオタグという撮影《さつえい》した位置《いち》がわかる情報《じょうほう》が記録《きろく》されるしくみになっているんだ。

多《おお》くのSNS《エスエヌエス》では写真《しゃしん》を投稿《とうこう》するときに、自動的《じどうてき》にジオタグが削除《さくじょ》されるしくみになっているけれど、最初《さいしょ》からカメラの位置情報《いちじょうほう》を入《い》れないように設定《せってい》しておくと安心《あんしん》だよ。

他人《たにん》が写《うつ》っているものを勝手《かって》に投稿《とうこう》しないで

勝手《かって》に投稿《とうこう》してしまうと、**肖像権《しょうぞうけん》の侵害《しんがい》**にあたることがあるんだ。他《た》人《にん》が写《うつ》っている写真《しゃしん》を投稿《とうこう》したいときは、その人《ひと》に許可《きょか》をとってからにしよう。

いっしょにあそんだよ
じゅくをさぼったのがばれちゃったよ！

肖像権《しょうぞうけん》は、自分《じぶん》の顔《かお》や動画《どうが》を無断《むだん》で撮影《さつえい》されたり、公開《こうかい》されたりしない権利《けんり》。似顔絵《にがおえ》もふくまれるよ。

こんな写真《しゃしん》や動画《どうが》は肖像権《しょうぞうけん》の侵害《しんがい》にはあたらない

小《ちい》さすぎてだれだかわからないもの

ピントが合《あ》っていなくて、だれだかわからないもの

後《うし》ろすがたでだれだかわからないもの

観光地《かんこうち》や風景《ふうけい》などを撮影《さつえい》したものに、偶然《ぐうぜん》写《うつ》りこんでいるもの

知《し》り合《あ》いが写《うつ》っているなら、どんな写真《しゃしん》でも投稿《とうこう》する前《まえ》に確認《かくにん》をとるようにしよう。

大人《おとな》になったときに後悔《こうかい》しそうなものは投稿《とうこう》しないで

特《とく》に、ネガティブな内容《ないよう》のものは、あっという間《ま》に広《ひろ》がり、自分《じぶん》が削《さく》除《じょ》をしてもネット上《じょう》に残《のこ》り続《つづ》けてしまうよ。大人《おとな》になって進学《しんがく》や就職《しゅうしょく》などをするとき、子《こ》どものころにふざけて投稿《とうこう》した写真《しゃしん》がもとでイヤな思《おも》いをするかもしれない。そんな内容《ないよう》のものではないかをよく考《かんが》えてから投稿《とうこう》しよう。

はだかや下《した》着《ぎ》姿《すがた》のもの

立《たち》入《いり》禁《きん》止《し》

いたずらをしているもの

これ小《ちい》さい頃《ころ》のサンゴとパールでしょ。
子《こ》どものオレ、なんでこんな写真《しゃしん》をアップしちゃったんだろう…。

今日《きょう》とった写真《しゃしん》見《み》せてー。
いいですよ
あれ?
パパ写《しゃ》真《しん》ヘタ!
これなら個人情報《こじんじょうほう》もわからないね。

責任《せきにん》をもって発信《はっしん》しよう！

おでかけも楽《たの》しいけど、
立《た》って歩《ある》けるから、やっぱりおうちがラクです!!
外《そと》でシラスンが立《た》って歩《ある》いてたら、おおさわぎになっちゃうもんね。
ごめんね
ううん大丈夫《だいじょうぶ》
でも、シラスンが立《た》ってしゃべってるところをネットに流《なが》したら…
バズるかも!!
“犬語《いぬご》ほんやくびわ”も発売《はつばい》しちゃおうよ。
やめて!!
未来《みらい》が変《か》わっちゃいます!!ボクは未来《みらい》から追放《ついほう》されて二度《にど》ともどれなくなっちゃう…。
ニヤリ
追放《ついほう》されたら、ずっといっしょにくらせるよ!!
いじわる言《い》わないで〜。
もうっ

絶対《ぜったい》にしてはいけない発信《はっしん》とは

他人《たにん》のことを傷《きず》つける言葉《ことば》やうわさを言《い》いふらすことを**誹謗中傷《ひぼうちゅうしょう》**と言《い》うよ。暴力的《ぼうりょくてき》な言葉《ことば》や悪質《あくしつ》な写真《しゃしん》、動画《どうが》をネット上《じょう》に発信《はっしん》すると罰《ばっ》せられることもあるんだ。

悪口《わるくち》やだれかを傷《きず》つけるような内容《ないよう》のもの
バカ！ デブ！ うざい！
ウソやデマ
○×町《まち》の○○レストランは消費期限切《しょうひきげんぎ》れの食材《しょくざい》を使《つか》っているらしい。
暴力的《ぼうりょくてき》な言葉《ことば》
言《い》うこと聞《き》かなかったら、どうなるか見《み》てろよ。

「ライオンが逃《に》げた」というデマでたいほ

2016年《ねん》の熊本地震《くまもとじしん》のとき、SNS《エスエヌエス》に「動物園《どうぶつえん》からライオンが逃《に》げ出《だ》した」という書《か》きこみと、街中《まちなか》をうろつくライオンのニセ写真《しゃしん》が投稿《とうこう》されたんだ。この情報《じょうほう》はネット上《じょう》でまたたく間《ま》に**拡散《かくさん》**され、動物園《どうぶつえん》は問《と》い合《あ》わせ電話《でんわ》の対応《たいおう》などで大混乱《だいこんらん》におちいったよ。その後《ご》、デマを流《なが》した犯人《はんにん》は、たいほされたんだ。たとえ、個人情報《こじんじょうほう》を出《だ》していなくても、SNS《エスエヌエス》に書《か》きこんだ人物《じんぶつ》を見《み》つけ出《だ》すことができる。「ふざけてやっただけ」ではすまされないよ。

悪口《わるくち》を発信《はっしん》しないようにするには

みんなも書《か》いているからと、流《なが》れにのらないで

アタシも書《か》いちゃお。
ダメ!

もし、自分《じぶん》が言《い》われたらどうだろうか? と考《かんが》えよう

悪口《わるくち》は絶対《ぜったい》イヤだ!

「誹謗中傷《ひぼうちゅうしょう》は、ひどい行為《こうい》だ」ということを頭《あたま》に置《お》いておく

侮辱罪《ぶじょくざい》
脅迫罪《きょうはくざい》
バカ
アイツはカンニングしてる
ウザイ!

法律《ほうりつ》で罰《ばっ》せられることもある。

名誉毀損罪《めいよきそんざい》

だれかがか書《か》いた誹謗中傷《ひぼうちゅうしょう》を、そのまま拡散《かくさん》しないで

友《とも》だちに教《おし》えてやろっと。
ダメ!
アイツはバカだ

自分《じぶん》が書《か》いたことでなくても、罪《つみ》に問《と》われることがあるよ。

キケン!

アクセス集中《しゅうちゅう》! 炎上《えんじょう》? バズる?

炎上《えんじょう》とは、ネット上《じょう》で大勢《おおぜい》の人《ひと》から批判《ひはん》や誹謗中傷《ひぼうちゅうしょう》される状態《じょうたい》のこと。SNS《エスエヌエス》で発信《はっしん》した内容《ないよう》をきっかけに起《お》こることもあれば、有名人《ゆうめいじん》のように何《なに》かが注目《ちゅうもく》されることで起《お》こる場合《ばあい》もある。**バズる**とは、「おもしろい!」「感動《かんどう》!」のような共感《きょうかん》がネット上《じょう》で広《ひろ》まるもののこと。どちらもたくさんの人《ひと》から一気《いっき》に注目《ちゅうもく》を浴《あ》びる状態《じょうたい》だよ。

炎上《えんじょう》の被害《ひがい》にあってしまったら…

ネット上《じょう》で、反論《はんろん》しないで

バーカ
お前《まえ》こそバーカ
おまえだまれ!

ネット（SNS《エスエヌエス》など）からはなれよう

信頼《しんらい》できる大人《おとな》に相談《そうだん》しよう

ひとりでなやまない!

専門《せんもん》の相談窓口《そうだんまどぐち》に問《と》い合《あ》わせよう

（➡相談先《そうだんさき》は155・157ページへ）

証拠《しょうこ》を残《のこ》しておこう

誹謗中傷《ひぼうちゅうしょう》を書《か》きこまれたURL《ユーアールエル》をメモしておく。誹謗中傷《ひぼうちゅうしょう》のメッセージのスクリーンショット（画《が》像《ぞう》データ）をとり、紙《かみ》に印刷《いんさつ》もして保存《ほぞん》しておく。

http://www.
xxxooo

キケン!

命《いのち》を失《うしな》う可能性《かのうせい》も…

ネット上《じょう》で誹謗中傷《ひぼうちゅうしょう》を受《う》け続《つづ》けることで、心《こころ》のバランスをくずして命《いのち》を絶《た》ってしまう人《ひと》もいるんだ。書《か》きこむ人《ひと》は相手《あいて》の姿《すがた》が見《み》えないし、みんなも書《か》いていると思《おも》うと悪口《わるくち》も気軽《きがる》に書《か》いてしまうのかもしれない。でも、その向《む》こうには傷《きず》つく相手《あいて》がいるんだよ。

パスワードを守《まも》れ！

SOS《エスオーエス》信号《しんごう》が出《だ》せれば、未来《みらい》のだれかが気《き》づいてむかえに来《き》てくれるかもしれない!!
ひらめき!
えっ、やっぱり帰《かえ》っちゃうの？
シラスンにも未来《みらい》に家族《かぞく》がいるんだよ。
パールさん、サンゴさん…
バン
大変《たいへん》です!! ノートを知《し》りませんか？ ワタシのノート!!
のーとぉ？
インターネットで必要《ひつよう》になるID《アイディー》やパスワードがいっぱい書《か》いてあるんですよ。
なくなったら大変《たいへん》なことです!!
おまかせあーれ!!
はい来《き》た、ボクの出番《でばん》!!

アカウント・ID《アイディー》・パスワードとは

　SNS《エスエヌエス》などネットのサービスを利用《りよう》するときには、**アカウント**が必要《ひつよう》になるよ。アカウントはID《アイディー》とパスワードで構成《こうせい》されていて、ID《アイディー》は名前《なまえ》、パスワードは本人《ほんにん》かどうかを確認《かくにん》するカギのようなものなんだ。サービスを利用《りよう》するとき、ID《アイディー》とパスワードが一致《いっち》しなければ利用《りよう》できないよ。

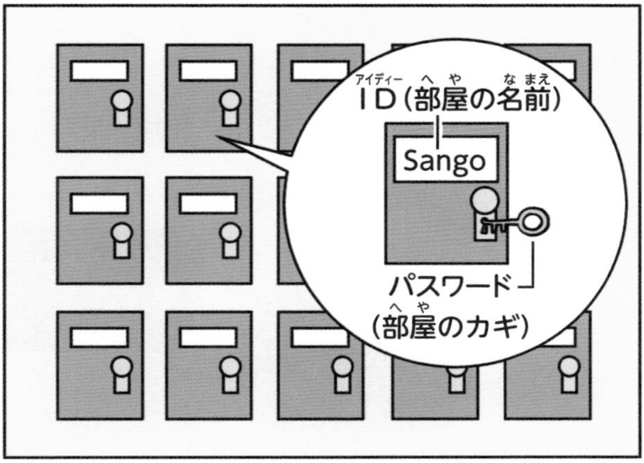

パスワードはだれにも教《おし》えない！

　パスワードは、自分《じぶん》だけの大切《たいせつ》なものだよ。悪意《あくい》のある人《ひと》にID《アイディー》やパスワードをぬすまれると、さまざまな被害《ひがい》にあうことがあるから絶対《ぜったい》に教《おし》えないでね。

個人《こじん》のSNS《エスエヌエス》を勝手《かって》に見《み》られてしまう。

本人《ほんにん》になりすまし（アカウントののっとり）て、うその情報《じょうほう》を発信《はっしん》される。

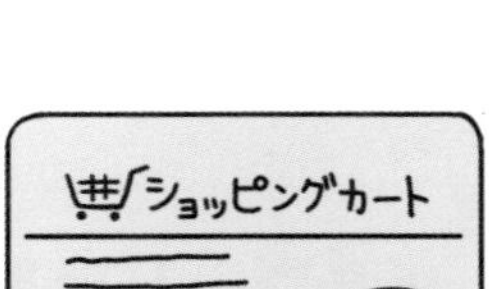

ショッピングサイトで、勝手《かって》に買《か》い物《もの》をされて、覚《おぼ》えのない請求《せいきゅう》が来《き》てしまう。

パスワードを守《まも》る方法《ほうほう》

見破《みやぶ》られにくいパスワードにしよう

パスワードは、数字《すうじ》やアルファベットの組《く》み合《あ》わせを自分《じぶん》で考《かんが》えて設定《せってい》するよ。そのときに、**だれでも思《おも》いつくようなパスワードは見破《みやぶ》られやすいから注意《ちゅうい》**しよう。

NG《エヌジー》パスワード

数字《すうじ》をならべただけのもの …………　12345678　11111111

自分《じぶん》やペットなどの名前《なまえ》 …………　kaito　choco

個人情報《こじんじょうほう》を入《い》れたもの

- 自分《じぶん》の誕生日《たんじょうび》 …………　20120408
- 名前《なまえ》と誕生日《たんじょうび》の組《く》み合《あ》わせ …………　kaito0408

SNS《エスエヌエス》の投稿《とうこう》から推測《すいそく》できてしまう！

英語《えいご》の単語《たんご》 …………　password　choco-love

OK《オーケー》パスワード

アルファベットに数字《すうじ》や記号《きごう》を組《く》み合《あ》わせたもの ……　52g-kn48

アルファベットの大文字《おおもじ》と小文字《こもじ》の両方《りょうほう》を使《つか》ったもの

…………　Gg96FdAa

大文字《おおもじ》　小文字《こもじ》

パスワードは数字《すうじ》やアルファベットだけじゃない！

指紋《しもん》、顔《かお》、目《め》の虹彩《こうさい》、手《て》や指《ゆび》の血管《けっかん》などで本人《ほんにん》を確認《かくにん》する「生体認証《せいたいにんしょう》」というものがあるよ。これならだれかにパスワードを見《み》られたり自分《じぶん》が忘《わす》れたりすることはないね。でも残念《ざんねん》ながらマスクをしていると認識《にんしき》しなかったりして、「100%安全《あんぜん》！」とはまだ言《い》えないんだって。

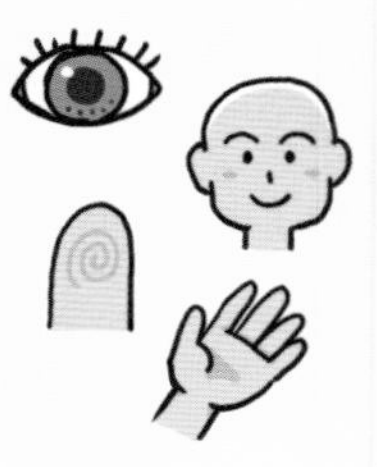

複数《ふくすう》のサービスで、同《おな》じID《アイディー》やパスワードを使《つか》わないで

同《おな》じID《アイディー》やパスワードを使《つか》いまわすのは危険《きけん》。利用《りよう》するサービスごとに変《か》えよう。何《なに》にどのパスワードを使《つか》っているか、忘《わす》れないように管理《かんり》してね。

パスワード
○○○○
パスワード
△△△△
パスワード
××××

パスワードをメモした紙《かみ》を、パソコンの近《ちか》くに置《お》かないで

せっかく見破《みやぶ》られにくいパスワードを考《かんが》えても、メモした紙《かみ》を目立《めだ》つ場所《ばしょ》に置《お》いていては意味《いみ》がないよ。自分《じぶん》だけがわかる場所《ばしょ》にしまっておこう。もし見《み》られた場合《ばあい》は、すぐにパスワードを変更《へんこう》しよう。

パスワード
××××

インターネットを利用《りよう》するときに使《つか》うウェブブラウザには、パスワードを保存《ほぞん》する便利《べんり》な機能《きのう》があるよ。でもこの方法《ほうほう》は、あまり安全《あんぜん》ではないともいわれているので、使《つか》う前《まえ》によく確《たし》かめよう。

ノートどこでしょう？
くんくん
ありましたよ!!
あら、ごめんなさい。なべしきの代《か》わりにしてたわ。
ママ〜〜

ネットで出会《であ》った人《ひと》は、“悪《わる》い大人《おとな》”かもしれない!?

ある日《ひ》
そういえばさ、
今度《こんど》、ネットで知《し》り合《あ》った友《とも》だちと会《あ》うんだぜ。写真交換《しゃしんこうかん》したんだ。
へえ、楽《たの》しそう。
サンゴの親友《しんゆう》
八角《はっかく》リョウ
ネットっていいよな。カンタンに友《とも》だちが作《つく》れてさ。
SNS
つながるアプリ
ちょっと、それ危《あぶ》ないかもよ!!
キリッ
なんだよ急《きゅう》に。
ブーブー
友《とも》だちふえたらうれしいだろー!
それは…
わんわん!! ボクにまかせて。
じゃーん
しゃ、しゃべった…!?

SNS《エスエヌエス》が犯罪《はんざい》に利用《りよう》されることがある

ネット上《じょう》でも、現実《げんじつ》の世界《せかい》と同《おな》じように子《こ》どもをねらう悪《わる》い人《ひと》たちがいる。そして、ネットは相手《あいて》に姿《すがた》が見《み》えないからよけいにだましやすいんだ。SNS《エスエヌエス》やオンラインゲームのチャット機能《きのう》などを使《つか》って子《こ》どもに近《ちか》づいてくるよ。

子《こ》どものふりをする
DM《ディーエム》（ダイレクトメッセージ）で、ふたりだけでやりとりしようとする
相談《そうだん》にのってくれるやさしい子《こ》（大人《おとな》）のふりをする
写真交換《しゃしんこうかん》をしようと言《い》ってくる

絶対《ぜったい》に会《あ》ってはだめ!!

ネットで知《し》り合《あ》った人《ひと》と直接会《ちょくせつあ》うのはやめよう。悲《かな》しいことだけれど、現実《げんじつ》に連《つ》れ去《さ》りや暴行事件《ぼうこうじけん》がたくさん起《お》きているんだ。他人事《たにんごと》と思《おも》わないようにしよう。

連《つ》れ去《さ》り
性犯罪《せいはんざい》
殺人《さつじん》
暴行《ぼうこう》

自分《じぶん》を守《まも》る方法《ほうほう》

相手《あいて》のプロフィールを信《しん》じすぎない

プロフィール
OOXX
モデル
東大《ダイ》生《セイ》・社長《シャチョウ》
XXX XXX
わぁかっこいい
写真《しゃしん》もプロフィールもウソかも!

知《し》らない人《ひと》からの友《とも》だち申請《しんせい》やDM《ディーエム》に注意《ちゅうい》!

　個人《こじん》と個人《こじん》の間《あいだ》でやりとりができるDM《ディーエム》には気《き》をつけて。SNS《エスエヌエス》では許可《きょか》した人《ひと》以外《いがい》からのDM《ディーエム》の受信《じゅしん》ができないように設定《せってい》しておくのがいいよ。

プロフィールだけでなく、その人《ひと》がどんな内容《ないよう》を発信《はっしん》しているかも必《かなら》ず見《み》ておこう。LINE《ライン》の友《とも》だち自動追加機能《じどうついかきのう》はオフにしておくといいよ。

ネット上《じょう》の知《し》り合《あ》いには個人情報《こじんじょうほう》を教《おし》えない

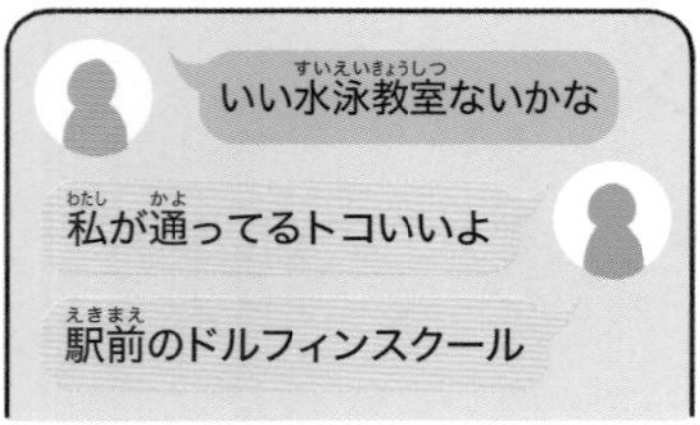
いい水泳教室《すいえいきょうしつ》ないかな
私《わたし》が通《かよ》ってるトコいいよ
駅前《えきまえ》のドルフィンスクール

会《あ》う約束《やくそく》をしない

やりとりをしているうちに、仲良《なかよ》くなったと思《おも》ってもダメ!
ふたりで会《あ》いませんか
会《あ》いたいです
わくわく

アカウントを非公開《ひこうかい》にしよう

　非公開《ひこうかい》にすると、自分《じぶん》が許可《きょか》をした人《ひと》だけが読《よ》めるようになるよ。それでも、絶対《ぜったい》に安全《あんぜん》というわけではないんだ。

　たとえば、許可《きょか》をした友《とも》だちが、きみの投稿《とうこう》のスクリーンショットを取《と》って、ネットに発信《はっしん》してしまう可能性《かのうせい》もある。非公開《ひこうかい》でも、世界中《せかいじゅう》のさまざまな人《ひと》に見《み》られる可能性《かのうせい》があるということを忘《わす》れないでね。

《保護者のかたへ》LINEは「友だち自動追加機能」をオフにしておくことをおすすめします。その他のSNSについても利用規約でよくご確認ください。

もし、トラブルにまきこまれたら…

やりとりをすぐにやめよう

ブロックしました
ブロック!!

専門《せんもん》の相談窓口《そうだんまどぐち》に問《と》い合《あ》わせよう

(➡相談先は155・157ページへ)

秘密《ひみつ》は守《まも》ってくれるよ。どうしていいかわからなくなったら利用《りよう》してみてね。

信頼《しんらい》できる大人《おとな》に相談《そうだん》しよう

家《いえ》の人《ひと》、学校《がっこう》やじゅくの先生《せんせい》など、自分《じぶん》が相談《そうだん》しやすい人《ひと》に話《はな》そう。

トラブルの証拠《しょうこ》をとっておこう

家《いえ》の人《ひと》といっしょに、53ページと同《おな》じ方法《ほうほう》で証拠《しょうこ》を残《のこ》しておこう。

SNS《エスエヌエス》は、いい友《とも》だちにめぐりあえるチャンスももちろんあるよ。どうしても会《あ》ってみたいときは、まず家《いえ》の人《ひと》に相談《そうだん》してね。

《保護者のかたへ》SNS等でトラブルが起きたとき、相手のアカウント公開を求めたり訴えたりする場合には、53ページの方法で証拠を残す必要があります。

シラスンも、犯罪《はんざい》にあうかもしれないから会《あ》いに行《い》っちゃダメって言《い》ってるよ。
わ…わかったよ…
それより、何《なん》で犬《いぬ》がしゃべってるんだよ!?
ウウウンンン
←犬語《いぬご》ほんやくがイマイチ通《つう》じてない

迷惑《めいわく》・詐欺《さぎ》メールにだまされない！

SOS《エスオーエス》信号《しんごう》が未来《みらい》に届《とど》いたら、ボクの家族《かぞく》がむかえに来《き》てくれると思《おも》うんですけど…。
けど？
パワー 2
SOS《エスオーエス》信号《しんごう》のパワーが弱《よわ》すぎて、未来《みらい》までとどいていないんです。
うーん…
うっひょー!!
豪華賞品《ごうかしょうひん》が当《あ》たっちゃったみたい!!
なに!?
見《み》て見《み》て!! 応募《おうぼ》してないのに、当選《とうせん》メールがきたの。ラッキー♫
応募《おうぼ》してないのに？
住所《じゅうしょ》を入力《にゅうりょく》したから、あとはここをクリックすれば…。
豪華商品《ごうかしょうひん》が当選《とうせん》しました
クリック
ちょい待《ま》ちー!!
その先《さき》はボクにおまかせあれーー!!

迷惑《めいわく》・詐欺《さぎ》メールとは

必要《ひつよう》のない商品《しょうひん》の宣伝《せんでん》や、お金《かね》や個人情報《こじんじょうほう》などをだましとろうとして送《おく》られてくるものだよ。パソコンやスマホの調子《ちょうし》を悪《わる》くするウイルスを送《おく》りつけてくるものもある。メールやSMS《エスエムエス》だけでなく、SNS《エスエヌエス》のDM《ディーエム》で送《おく》られてくることもあるんだ。

こんなメッセージには気《き》をつけて

知《し》らない人《ひと》からきたもの

＋

- 添付《てんぷ》ファイルがついているもの
- 本文《ほんぶん》にURL《ユーアールエル》がのっているもの

実際《じっさい》の例《れい》

10:14
迷惑メール
初めまして、支援協会の松本と申します。
初めまして、支援協会の松本と申します。あなたに500万ptをプレゼントさせて頂きましたが確認できますか？こちらは費用0円で換金できます！
▼つづきを読む▼
Please Check(^0^)/http:Vhttp://wowow.moustachespontaneous.com/2Ea4K/ZoLbaFf3libEZ6KjaEa4HV5Lea5#//
ご案内に心当たりがない場合は
Please Check(^0^)/http:Vhttp://
10:15
迷惑メール
初めまして。唐突に「私の資産を受取って
初めまして。唐突に「私の資産を受取って下さい」と言っても警戒するのが当然ですよね？まずはお話だけでもさせて頂けませんか？
▼つづきを読む▼
Please Check(^0^)/http:Vhttp://wowow.moustachespontaneous.com/zOgB/T5VTjzRpCRhGQ5DUpHOgBR1CVkHkOp#//
ご案内に心当たりがない場合は
Please Check(^0^)/http:Vhttp://wowow.moustachespontaneous.com/M62Ma/8Ve2M85x99QeYG6t#//
内容《ないよう》を確《たし》かめたくなるけど、URL《ユーアールエル》をクリックしてはダメ！

キケン！

大人《おとな》もだまされるフィッシング詐欺《さぎ》

「お客様《きゃくさま》のお手続《てつづ》きが完了《かんりょう》できません。URL《ユーアールエル》より、○○銀行《ぎんこう》のアカウントの確認《かくにん》をお願《ねが》いします」などというメッセージが届《とど》いて、URL《ユーアールエル》をクリックすると、本物《ほんもの》そっくりのサイトがあらわれるんだ。あわてて個《こ》人情報《じんじょうほう》（ID《アイディー》、パスワード、キャッシュカードの暗証番号《あんしょうばんごう》など）を入力《にゅうりょく》してしまいそうになるけど、これは、個人情報《こじんじょうほう》をだましとる詐欺《さぎ》メールで、フィッシング詐欺《さぎ》というものだよ。

絶対《ぜったい》に返信《へんしん》をしない

ムシでOK!
入会登録完了《にゅうかいとうろくかんりょう》!
退会手続《たいかいてつづ》きは
こちら
入会《にゅうかい》した覚《おぼ》えはないけど、退会《たいかい》しないと…

絶対《ぜったい》に個人情報《こじんじょうほう》を入力《にゅうりょく》しない

arason
本人確認《ほんにんかくにん》
名前《なまえ》
白崎《しろさき》パール
電話番号《でんわばんごう》
070-92X
ニセサイトじゃない?
名前《なまえ》と電話番号《でんわばんごう》と…

メッセージにあるURL《ユーアールエル》をクリックしない

おトク情報《じょうほう》もりだくさん!
ここをクリック
↓↓↓
https://www.nagaokas
ウイルスかも!
おトクなの!?

添付《てんぷ》ファイルを開《ひら》かない

件名《けんめい》　お久《ひさ》しぶりです
写真《しゃしん》も送《おく》ったよ!
見《み》てね!
添付《てんぷ》ファイル
だれからだ? 見《み》てみればわかるか。
開《ひら》いちゃだめ!!

まちがえてメールを開《ひら》いたり、URL《ユーアールエル》をクリックしたりしても、それ以上何《いじょうなに》もしないでね。心配《しんぱい》なときは家《いえ》の人《ひと》に相談《そうだん》しよう。

キケン!

友《とも》だちなりすましメッセージ

悪意《あくい》のある人《ひと》が、ある人《ひと》のSNS《エスエヌエス》のアカウントをのっとり(➡55ページ)、その人《ひと》になりすましてお金《かね》をだまし取《と》ろうとするメッセージを送《おく》りつけてくることがある。もし、友《とも》だちからいつもとちがう雰囲気《ふんいき》のメッセージが届《とど》いたときは、「なりすまし」の可能性《かのうせい》を考《かんが》えよう。すぐに直接友《ちょくせつとも》だちに確《たし》かめてね。ただし、のっとりがうたわがれるSNS《エスエヌエス》を使《つか》って連絡《れんらく》をしてはいけないよ。

チェーンメールとは

「このメールを受《う》け取《と》った人《ひと》は、５人《にん》に転送《てんそう》してください。転送《てんそう》しないと、あなたに不幸《ふこう》がおとずれます」こんなメールをチェーンメールというよ。受《う》け取《と》ったら、とてもいやな気持《きも》ちになるよね。

うあああどどど、
どうしよう。

チェーンメールを真《ま》に受《う》けて転送《てんそう》しない

チェーンメールは、根拠《こんきょ》のないメッセージを広《ひろ》めようとする無責任《むせきにん》な発信《はっしん》だよ。受《う》け取《と》ったとき自分《じぶん》がいやな気持《きも》ちになったように、転送《てんそう》された友《とも》だちにもいやな思《おも》いをさせてしまうからやめよう。

これもダメなの？
いいことのように見《み》えるけど…

これもチェーンメール！

件名《けんめい》　幸《しあわ》せメール

このメールを１週間《しゅうかん》以内《いない》に10人《にん》に回《まわ》すと、あなたの願《ねが》いはかないます。みんなで幸《しあわ》せの輪《わ》を広《ひろ》げましょう。

「拡散希望《かくさんきぼう》」にも注意《ちゅうい》！

SNS《エスエヌエス》で使《つか》われる**拡散希望《かくさんきぼう》**とは、「この情報《じょうほう》を広《ひろ》めてください」というもののこと。「迷子《まいご》の犬《いぬ》を探《さが》しています」など、困《こま》っている人《ひと》を助《たす》けたいという気持《きも》ちで協力《きょうりょく》したくなるよね。

でも、中《なか》にはウソや不確《ふたし》かな情報《じょうほう》もあるんだ。災害時《さいがいじ》などにまちがった情報《じょうほう》が広《ひろ》まると本当《ほんとう》に大切《たいせつ》な情報《じょうほう》が届《とど》かなくなってしまうから、よく考《かんが》えないで拡散《かくさん》するのはやめよう。

２０１１年《ねん》に起《お》きた東日本大震災《ひがしにほんだいしんさい》では、ツイッターでの情報《じょうほう》の拡散《かくさん》で救《すく》い出《だ》された人《ひと》たちがたくさんいたよ。

危《あぶ》なかったー。豪華商品《ごうかしょうひん》につられてだまされちゃうところだったよ。
応募《おうぼ》していないのに、当《あ》たるわけはないですからね。
パパも前《まえ》に、大好《だいす》きな戦国武将《せんごくぶしょう》グッズにつられて、あやしいURL《ユーアールエル》をクリックしてたよね…。
そ…それは…
あれ!?
シラスンどうしたの?
SOS信号《エスオーエスしんごう》のパワーがふえてます!!
パワー 10
あと90メモリたまれば、信号《しんごう》が未来《みらい》に届《とど》くみたい。
100になればいいってことね。
でも、どうしてふえたのでしょうか?
なぞだー
う〜ん

《保護者のかたへ》不正アクセスや迷惑・詐欺メールについての例や被害などを、ご自身の経験をもとにお子さまに教えてあげてください。

きみは、SNS《エスエヌエス》を使《つか》いこなす自信《じしん》がついたかな？

突撃《とつげき》！インタビュー

将来《しょうらい》の夢《ゆめ》は e《イー》スポーツプレイヤー！

オレ、将来《しょうらい》は e《イー》スポーツプレイヤーになろうと思《おも》うんだ！
e《イー》スポーッッ
いいスポーツ？ 水泳《すいえい》は健康《けんこう》にいいらしいですよね。あ、マラソンですか？ ワタシもやろうかな、最近《さいきん》おなかが出《で》てきちゃって。
ズコッ
e《イー》スポーツっていうのは、コンピューターゲームを使《つか》った対戦《たいせん》を〝スポーツ〟として行《おこな》うときの名称《めいしょう》だよ。
おまかせ あーれー
エレクトロニック スポーツ (略《りゃく》してe《イー》スポーツ)
※e《イー》メールの“e《イー》”も同《おな》じ
競技人口《きょうぎじんこう》は世界中《せかいじゅう》で年々《ねんねん》ふえていて、オリンピック競技《きょうぎ》に採用《さいよう》されるのではないかとも言《い》われています。
海外《かいがい》では賞金総額《しょうきんそうがく》が10億円《おくえん》をこえる大会《たいかい》もあります。
10億円《おくえん》！
なんと!? 私《わたし》は時代《じだい》おくれですね…
ガーン
まぁまぁ

e《イー》スポーツの世界《せかい》を知《し》ろう！

e《イー》スポーツの種目《しゅもく》

RTS《アールティーエス》	MOBA（モバ）	シューティングゲーム
MOBA《モバ》と似《に》ているが、こちらは一《いち》対一《たいいち》で戦《たたか》うことが多《おお》い。チームを指《し》揮《き》して戦術《せんじゅつ》を競《きそ》い合《あ》うゲーム。『スタークラフトⅡ《ツー》』など。	３～５人《にん》のチームで戦略《せんりゃく》を立《た》てて相《あい》手《て》の陣地《じんち》を取《と》るゲーム。世界中《せかいじゅう》で最《もっと》もプレイヤーが多《おお》いジャンル。『リーグ・オブ・レジェンド』など。	主人公《しゅじんこう》から見《み》た視点《してん》のもの（FPS《エフピーエス》）と背《はい》後《ご》から見《み》た視点《してん》のもの（TPS《ティーピーエス》）がある。３～５人《にん》のチームになって戦《たたか》うことが多《おお》い。TPS《ティーピーエス》では『フォートナイト』が有名《ゆうめい》。

e《イー》スポーツのゲーム対戦《たいせん》には、このような種目《しゅもく》があるよ。家庭用《かていよう》のゲーム機《き》、パソコン、スマホなどでプレーするんだ。一対一《いちたいいち》の対戦《たいせん》やチームプレー、大勢《おおぜい》の人《ひと》が同時《どうじ》に参加《さんか》する対戦型《たいせんがた》など、さまざまなスタイルがあるよ。

e《イー》スポーツのいいところは、大人《おとな》と子《こ》どもの対戦《たいせん》や、男女《だんじょ》の対戦《たいせん》が平等《びょうどう》にできるところ。（大会《たいかい》では「女子部門《じょしぶもん》」が設《もう》けられていることもある）ゲーム機《き》を動《うご》かすことができれば、体格《たいかく》や体力《たいりょく》、年齢《ねんれい》の差《さ》は関係《かんけい》ないんだ。オンラインなら競技場《きょうぎじょう》などに集《あつ》まる必要《ひつよう》もないから、遠《とお》くにいる人《ひと》、海外《かいがい》の人《ひと》ともいっしょに楽《たの》しめるよ。

新型《しんがた》コロナウイルスが流行《りゅうこう》したこともあって、オンラインゲームへの需要《じゅよう》は２０２０年代《ねんだい》に入《はい》って一《いち》段《だん》と高《たか》まったんだ。これから海外《かいがい》の人《ひと》とプレーするなら、英語《えいご》ができるともっと楽《たの》しくなるよ。

パズルゲーム	DCG《ディーシージー》	スポーツ	格闘《かくとう》ゲーム
ルールがシンプルでわかりやすいため、幅広《はばひろ》い世代《せだい》に人気《にんき》がある。『ぷよぷよ』などがe《イー》スポーツ種目《しゅもく》になっている。	カードゲームのデジタル版《ばん》。オンライン対戦《たいせん》で一人《ひとり》でプレーすることができる。日本国内《にほんこくない》で多《おお》くプレーされていて、ゲームメーカーが開催《かいさい》する大会《たいかい》が多《おお》い。	サッカーや野球《やきゅう》など現実《げんじつ》のスポーツをビデオゲームにしたもの。一人《ひとり》で複数《ふくすう》の選手《せんしゅ》を操作《そうさ》するものが多《おお》い。	キャラクターを操作《そうさ》して戦《たたか》うゲーム。日本人《にほんじん》のプレーヤーが多《おお》く、何度《なんど》も世界《せかい》チャンピオンに輝《かがや》いている。『ストリートファイターV《ファイブ》』『大乱闘《だいらんとう》スマッシュブラザーズスペシャル』など。

ゲームをする人《ひと》がふえたことで人気《にんき》・知名度《ちめいど》も上《あ》がって、今《いま》では世界中《せかいじゅう》でさまざまな大会《たいかい》が開《ひら》かれているよ。日本《にほん》でも地方自治体《ちほうじちたい》が60代《だい》以上《いじょう》向《む》けのe《イー》スポーツチームを結成《けっせい》して支援《しえん》する動《うご》きもあるんだって。多《おお》くの世代《せだい》が楽《たの》しめる競技《きょうぎ》として認知《にんち》されつつあるんだね。

大会《たいかい》の模様《もよう》はオンライン配信《はいしん》されることが多《おお》いから、大会動画《たいかいどうが》の視聴《しちょう》を楽《たの》しむ人《ひと》もたくさんいるんだ。上位入賞者《じょういにゅうしょうしゃ》の中《なか》にはYouTube《ユーチューブ》などで練習《れんしゅう》シーンを配信《はいしん》している人《ひと》もいて、ゲーム実況《じっきょう》などと同様《どうよう》に人気《にんき》があるよ。

プロになる方法《ほうほう》、聞《き》いてみよう！
お次《つぎ》は、プロのe《イー》スポーツプレイヤーを紹介《しょうかい》するよ。

板橋《いたばし》ザンギエフ選手《せんしゅ》

1981年《ねん》生《う》まれ。東京都板橋区出身《とうきょうといたばしくしゅっしん》。DetonatioN《デトネーション》 FocusMe《フォーカスミー》 所属《しょぞく》のプロゲーマー。愛称《あいしょう》は板《いた》ザン。早稲田大学理工学部卒業《わせだだいがくりこうがくぶそつぎょう》。SE《エスイー》（システムエンジニア）として会社勤《かいしゃづと》めをした後《あと》、プロゲーマーの道《みち》へ。アメリカのゲーミングデバイスメーカーとスポンサー契約《けいやく》を結《むす》ぶなど、日本《にほん》のe《イー》スポーツ初期《しょき》の頃《ころ》から業界《ぎょうかい》を引《ひ》っ張《ぱ》る第一人者《だいいちにんしゃ》。

2018年《ねん》 『ストリートファイターV《ファイブ》』の世界大会《せかいたいかい》「チャンピオンカップ」準優勝《じゅんゆうしょう》
2020年《ねん》 「EVO《エボ》ジャパン」5位入賞《いにゅうしょう》

はじめまして。板橋《いたばし》ザンギエフと申《もう》します。板《いた》ザンってよんでください。

サンゴ

今日《きょう》はよろしくお願《ねが》いします！　板《いた》ザンさんは何《なん》のゲームのプロなんですか？

ぼくの専門《せんもん》は格闘《かくとう》ゲームです。特《とく》に『ストリートファイター』をメインに活動《かつどう》しています。シューティングゲームのFPS《エフピーエス》などでは素早《すばや》い動《うご》きが求《もと》められるので、プレーヤーは若《わか》いほうが有利《ゆうり》なのですが、格闘《かくとう》ゲームではそのほかにも重要《じゅうよう》な要素《ようそ》があるので、比較的選手生命《ひかくてきせんしゅせいめい》が長《なが》いジャンルなんですよ。

パール

格闘《かくとう》ゲームかあ。重要《じゅうよう》な要素《ようそ》ってどんなことですか？

「読《よ》みとかけひき」で分析《ぶんせき》することです。じゃんけんするときも、どの手《て》を出《だ》すか考《かんが》えますよね。ゲームでは、敵《てき》は今《いま》にげ腰《ごし》になっているなとか、打撃《だげき》と見《み》せかけて投《な》げでいこうとか、あれこれ考《かんが》えて進《すす》めることが大事《だいじ》です。今《いま》までに出《で》た大会《たいかい》での経験値《けいけんち》なども活《い》かされますね。

サンゴ

リアルのスポーツと同《おな》じみたい！　毎日長時間練習《まいにちちょうじかんれんしゅう》するんですか？　たくさんゲームができていいなあ…。

練習《れんしゅう》もしますけど、ゲームをするだけでは強《つよ》くなれません。ゲームスキルのほかに、集中力《しゅうちゅうりょく》や精神力《せいしんりょく》、体力《たいりょく》なども必要《ひつよう》なんです。たとえば、人前《ひとまえ》で発表《はっぴょう》するときは緊張《きんちょう》しますよね？　そのときにどれだけ自分《じぶん》のパフォーマンスを発揮《はっき》できるかということが重要《じゅうよう》になってきます。ふだんから本番《ほんばん》の試合《しあい》をイメージして練習《れんしゅう》したり、体《からだ》をきたえたりする人《ひと》もい

ますよ。

でもいちばん大事《だいじ》なのは「ゲームが好《す》きかどうか」ということだと思《おも》います。ぼくは24時間《じかん》ねないでゲームをしていても楽《たの》しいですから。

うちは、インターネットを使《つか》えるのが1日《にち》1時間《じかん》って決《き》まっているんです…。板《いた》ザンさんは、子《こ》どものころから毎日《まいにち》ゲームをしてもおこられなかったんですか？

いいえ、父《ちち》がきびしい人《ひと》で、家《いえ》ではなかなかできないので、友《とも》だちの家《いえ》でやったりしていましたよ。でも、途中《とちゅう》から父《ちち》が単身赴任《たんしんふにん》をすることになって…それからはゲームをできる時間《じかん》が格段《かくだん》にふえましたね。ラッキーだったな（笑）。

いいなあ!! うちのママを攻《こう》略《りゃく》する方法《ほうほう》、何《なに》かないですか？

うーん。なかなかむずかしいけど…。ぼくからおうちの人《ひと》にお願《ねが》いしたいことはあります。それを伝《つた》えてみてくれないかな？

ゲームにはいろいろなジャンルがあって、ぼうっとしていてもできちゃうゲームもあれば、真剣《しんけん》に向《む》き合《あ》わないとできないゲームもあります。得意不得意《とくいふとくい》があるので、その子《こ》に合《あ》うものを探《さが》せるように、いろんなゲームをやらせてあげてほしいです。いろんな習《なら》い事《ごと》をするのと同《おな》じで、ゲームをすることも幅広《はばひろ》い経験《けいけん》を積《つ》むことにつながるので、そういう視《し》点《てん》があることも知《し》ってほしいです。

勉強《べんきょう》や宿題《しゅくだい》をするのは大前提《だいぜんてい》として、ごほうびのゲームの時間《じかん》をつくることなどは約束《やくそく》してあげてほしいなと思《おも》っています。

わあ、これ、ママの前《まえ》で音《おん》読《どく》するよ！

うまくいくといいね。この本《ほん》を読《よ》んでいる子《こ》が中学生《ちゅうがくせい》・高校生《こうこうせい》になるころには、e《イー》スポーツの世界《せかい》はもっともっと広《ひろ》がっています。今《いま》の日本《にほん》は海外《かいがい》に比《くら》べておくれているけれど、今後《こんご》、野球《やきゅう》やサッカーなどのメジャースポーツにも引《ひ》けをとらないシーンになっていくと思《おも》います。

ゲームにかぎらず、「好《す》き」を大事《だいじ》にしてください。いろんな経験《けいけん》をして得《え》られる「人間《にんげん》としての厚《あつ》みのヨコの部分《ぶぶん》」と、「何《なに》かの専門《せんもん》に特《とっ》化《か》したタテの部分《ぶぶん》」を持《も》つことのバランスが大事《だいじ》だと思《おも》います。ぼくは、みんなにもっとゲームが好《す》きになってもらいたいけどね。

コラム ② メタバースはゲームだけじゃない！

メタバースは、ネット上《じょう》にあるもう一《ひと》つの世界《せかい》

メタバースは、ゲームをするだけのものではないんだ。ネット上《じょう》につくられた世界《せかい》の中《なか》に、街《まち》が作《つく》られていろいろな人《ひと》と交流《こうりゅう》したり、コンサートやお祭《まつ》りに参加《さんか》したり、買《か》い物《もの》したり、働《はたら》いたり…、勉強《べんきょう》することだってできるんだよ。少《すこ》しずつ、現実《げんじつ》と同《おな》じようなことができるようになってきているよ。

高校生《こうこうせい》の「ドラクエ」遠足《えんそく》！

2022年《ねん》6月《がつ》、N高《エヌこう》等学校《とうがっこう》・S高等学校《エスこうとうがっこう》(学校法人角川《がっこうほうじんかどかわ》ドワンゴ学園《がくえん》)では、「ドラゴンクエストX《テン》 オンライン』(株式会社《かぶしきがいしゃ》スクウェア・エニックス)を利用《りよう》した、「ネット遠足《えんそく》」が行《おこな》われたんだ。これは学校行事《がっこうぎょうじ》のひとつで、今回《こんかい》で16回目《かいめ》。オンラインゲームの中《なか》でいっしょに冒険《ぼうけん》したり、遊《あそ》んだりしたんだって。いろんなアバターがいて、とっても楽《たの》しそう！

「バーチャル渋谷《しぶや》」でハロウィーン！

2022年《ねん》10月《がつ》、ネット上《じょう》に、東京《とうきょう》の渋谷《しぶや》そっくりの街《まち》が作《つく》られ、そこでハロウィーンのお祭《まつ》りが開《ひら》かれたよ。アバターの仮装《かそう》コンテストや音楽《おんがく》ライブ、人気《にんき》アニメの声優《せいゆう》さんたちによるトークライブなどが行《おこな》われて、とても盛《も》り上《あ》がったんだって。

12月《がつ》
24日《か》
注文《ちゅうもん》したのに
届《とど》かない！

ゲームは宿題《しゅくだい》のあと
30分間《ぷんかん》6時《じ》まで

PART 3

インターネットにもっとくわしくなろう

インターネットと著作権《ちょさくけん》 1

著作権《ちょさくけん》ってどんなもの？

う〜ん
う〜ん
くんくん
シラスン、何《なに》してるの？
どうしたらSOS《エスオーエス》信号《しんごう》のパワーがふえるか考《かんが》えてるんです。
パワー10
スマホみたいに充電《じゅうでん》できたらいいのにね。
マンガ
このマンガ、おもしろーい!!
パシャ
この表情《ひょうじょう》もサイコー!!
もしかして…
その画像《がぞう》を投稿《とうこう》するつもりですか？
友《とも》だちとのグループトークにのせるよ。
うん！
ええっ
ダメダメ!!
ボクにおまかせあーれ!!

著作権《ちょさくけん》とは

マンガや小説《しょうせつ》、イラストや音楽《おんがく》などの作品《さくひん》をつくった人《ひと》がもつ権利《けんり》が**著作権《ちょさくけん》**。他人《たにん》に自分《じぶん》の作品《さくひん》を勝手に利用《りよう》されないようにするためのものだよ。だから、他人《たにん》の作品《さくひん》を勝手《かって》にSNS《エスエヌエス》に投稿《とうこう》するなどしてはいけないんだ。

著作物《ちょさくぶつ》（作品《さくひん》）

著作者《ちょさくしゃ》（つくった人《ひと》）

有名《ゆうめい》か無名《むめい》かは関係《かんけい》なく、だれでもつくった人《ひと》が著作者《ちょさくしゃ》だよ。

これらもすべて、だれかの**著作物《ちょさくぶつ》**だよ。

著作権《ちょさくけん》で保護《ほご》されるもの

他人《たにん》の著作物《ちょさくぶつ》を勝手《かって》に利用《りよう》するのは、著作者《ちょさくしゃ》の利益《りえき》をうばっているのと同《おな》じことなんだ。なぜなら、利益《りえき》を得《え》られないと著作者《ちょさくしゃ》は次《つぎ》の作品《さくひん》を作《つく》れなくなってしまうから。その結果《けっか》、私《わたし》たちは作品《さくひん》を楽《たの》しむことができなくなってしまう。私《わたし》たち一人一人《ひとりひとり》の行動《こうどう》が、著作者《ちょさくしゃ》や文化《ぶんか》をつぶしてしまうことにもなるんだよ。

違法《いほう》サイトでダウンロードしちゃおう！
著作物《ちょさくぶつ》
著作者《ちょさくしゃ》
お金《かね》
応《おう》えん
私《わたし》たち
コピーしてみんなに配《くば》ろう！
タダでラッキー！

著作者《ちょさくしゃ》や文化《ぶんか》が守《まも》られなくなる

みんなが著作権《ちょさくけん》を守《まも》ると…

公式《こうしき》サイトで読《よ》もう！
著作物《ちょさくぶつ》
著作者《ちょさくしゃ》
お金《かね》
応《おう》えん
私《わたし》たち
新刊《しんかん》買《か》うぞ！

著作者《ちょさくしゃ》や文化《ぶんか》が守《まも》られ発展《はってん》する

？？クエスチョン！

著作権《ちょさくけん》クイズにちょうせん！

答《こた》えは次《つぎ》のページ！

著作権《ちょさくけん》を守《まも》っている行動《こうどう》に〇、守《まも》っていない行動《こうどう》に×を書《か》こう。

1

□ 録画《ろくが》したテレビ番組《ばんぐみ》を動画《どうが》サイトに投稿《とうこう》した。

2

□ 自分《じぶん》で買《か》ったマンガを写真《しゃしん》にとって、SNS《エスエヌエス》で友《とも》だちも読《よ》めるようにした。

3

□ 好《す》きなアイドルの曲《きょく》を自分《じぶん》で演奏《えんそう》して、SNS《エスエヌエス》に投稿《とうこう》した。

4

□ 違法《いほう》サイトでマンガをダウンロードして読《よ》んだ。

5

□ アニメのキャラクターの絵《え》を写《うつ》し描《が》きして、SNS《エスエヌエス》のプロフィール画像《がぞう》に使《つか》った。

6

□ 新発売《しんはつばい》の曲《きょく》に合《あ》わせて、そのアーティストと同《おな》じようにおどった動画《どうが》を投稿《とうこう》した。

アンサー

（※2023年3月現在）

1

録画《ろくが》したテレビ番組《ばんぐみ》を家《いえ》で見《み》るのはいいけれど、録画《ろくが》したものをネットに投稿《とうこう》するのはダメ！

× 録画《ろくが》したテレビ番組《ばんぐみ》を動画《どうが》サイトに投稿《とうこう》した。

2

自分《じぶん》で買《か》ったマンガでも、そのマンガの内容《ないよう》は著作者《ちょさくしゃ》のもの。勝手《かって》にネットに投稿《とうこう》するのはダメ！

× 自分《じぶん》で買《か》ったマンガを写真《しゃしん》にとって、SNS《エスエヌエス》で友《とも》だちも読《よ》めるようにした。

3

曲《きょく》の著作者《ちょさくしゃ》や著作権《ちょさくけん》の管理団《かんりだん》体《たい》（JASRAC《ジャスラック》など）の許可《きょか》がないならダメ！　許可《きょか》がある場合《ばあい》は、自分《じぶん》が演奏《えんそう》しているものなら、ネットに投稿《とうこう》できるよ。（➡くわしくは81ページへ）

○ 好《す》きなアイドルの曲《きょく》を自分《じぶん》で演奏《えんそう》して、SNS《エスエヌエス》に投稿《とうこう》した。

4

違法《いほう》サイトと知《し》りながらマンガをダウンロードするのはダメ！　著作者《ちょさくしゃ》の利益《りえき》をうばっていることを忘《わす》れないでね。

× 違法《いほう》サイトでマンガをダウンロードして読《よ》んだ。

5

キャラクターの絵《え》を写《うつ》し描《が》きして、自分《じぶん》で楽《たの》しむのは問題《もんだい》ないよ。でも、その絵《え》をネットに投稿《とうこう》するのはダメ！

× アニメのキャラクターの絵《え》を写《うつ》し描《が》きして、SNS《エスエヌエス》のプロフィール画像《がぞう》に使《つか》った。

6

音源《おんげん》をそのまま使《つか》うのはダメ！　ちなみに、カラオケ店《てん》のカラオケ音源《おんげん》を使《つか》うのもダメ。また、ダンスのふりつけにも著作権《ちょさくけん》があるよ。
（➡くわしくは81ページへ）

× 新発売《しんはつばい》の曲《きょく》に合《あ》わせて、そのアーティストと同《おな》じようにおどった動画《どうが》を投稿《とうこう》した。

他人《たにん》の著作物《ちょさくぶつ》を勝手《かって》に投稿《とうこう》しない

他人《たにん》の著作物《ちょさくぶつ》を勝手《かって》にネットに投稿《とうこう》すると、10年以下《ねんいか》の懲役《ちょうえき》、または1000万《まん》円《えん》の罰金刑《ばっきんけい》が科《か》せられる。

また、違法《いほう》サイトからマンガなどをダウンロードすると、２年以下《ねんいか》の懲役《ちょうえき》、または200万円以下《まんえんいか》の罰金刑《ばっきんけい》（もしくは両《りょう》方《ほう》）が科《か》せられる。どちらも、重《おも》い罪《つみ》になる場合《ばあい》があることを覚《おぼ》えておこう！

2年《ねん》
200万円《まんえん》
10年《ねん》
1000万円《まんえん》

みんなに送《おく》っちゃうところだったよ〜。
ギュ〜ー！
ありがとう!!
あれっ、何《なに》か動《うご》いてるぞ!!
パワー20
ぐーん
パールが「ありがとう」って言《い》ったらパワーがふえたみたい。
ええっ!?
じゃあ、「ありがとう」をいっぱい言《い》ったらふえるかな？
ありがとう!!
ありがとう!!
ありがとう!!
ありがとう!!
し〜〜ん
パワー20
ちがうんかーい…

インターネットと著作権《ちょさくけん》 ❷

「歌《うた》ってみた」「おどってみた」がしたい！

動画《どうが》共有《きょうゆう》サイト ChuTube
見《み》て見《み》て、このダンスかっこいい!!
うわあ、上手《じょうず》!!
この曲《きょく》、テンポが早《はや》いから、おどるのが大変《たいへん》そうだね。
あ、
この曲《きょく》って、HIRUASOBI《ひるあそび》の歌《うた》じゃない？ 使《つか》っていいのかなあ？
ホントだ、そうだよね。
著作権《ちょさくけん》!!
ふたりとも著作権《ちょさくけん》のこと、覚《おぼ》えていたんだね。
ここはボクにおまかせあーれ!!

他人《たにん》の著作物《ちょさくぶつ》を利用《りよう》したいときは?

利用許可《りようきょか》を取《と》ろう

友《とも》だちが撮影《さつえい》した写真《しゃしん》を自分《じぶん》のSNS《エスエヌエス》に投稿《とうこう》したい、そんなときは「使《つか》ってもいい?」と確《たし》かめてから使《つか》おう。著作者《ちょさくしゃ》である友《とも》だちがダメと言《い》ったら使《つか》ってはいけない。これが基本《きほん》のルールだよ。

パールちゃんがとってくれた写真《しゃしん》、使《つか》っていい?
もちろん!

著作者《ちょさくしゃ》がプロのマンガ家《か》やミュージシャンなどの場合《ばあい》でも、基本《きほん》のルールは同《おな》じ。著作者本人《ちょさくしゃほんにん》か、著作権《ちょさくけん》を管理《かんり》する団《だん》体《たい》に許可《きょか》を取《と》り、その作品《さくひん》の使用料《しようりょう》を支《し》払《はら》うと利用《りよう》できるしくみになっていることが多《おお》いよ。

笠原《かさはら》さん、このイラストをアイコンに使《つか》わせてください。
マンガ家《か》さん

こんな「歌《うた》ってみた」「おどってみた」なら、許可《きょか》なし投稿《とうこう》OK!

～LINE《ライン》・YouTube《ユーチューブ》・Instagram《インスタグラム》・TikTok《ティックトック》・Facebook《フェイスブック》の場合《ばあい》～

- JASRAC《ジャスラック》管理《かんり》の音楽《おんがく》作品《さくひん》であること。
- 発表《はっぴょう》されている音源《おんげん》をそのまま使《つか》わないこと。(使《つか》えるのは歌詞《かし》とメロディだけ)
- 自分《じぶん》で演奏《えんそう》するなど、自作《じさく》の音源《おんげん》を使《つか》うこと。
- ダンスは自分《じぶん》で考《かん》えたふりつけでおどること。

JASRAC《ジャスラック》は、日本《にほん》国内外《こくないがい》のアーティストの曲《きょく》の著作権《ちょさくけん》を管理《かんり》している団体《だんたい》だよ。

《保護者のかたへ》36ページで紹介した主なSNSのうち、Twitter以外はJASRACとの業務提携により利用許可や使用料なしで投稿ができます。利用できる音楽作品はJASRACのHPでご確認ください。(2023年3月現在)

引用《いんよう》は正《ただ》しくしよう

歌詞《かし》、小説《しょうせつ》、ネットニュースなどの記事《きじ》の文章《ぶんしょう》にも著作権《ちょさくけん》があるから、勝手《かって》に使《つか》うことはできないよ。でも、引用《いんよう》する（他人《たにん》の文章《ぶんしょう》などの一部《いちぶ》を、自分《じぶん》の話《はなし》や文《ぶん》の中《なか》に用《もち》いること）場合《ばあい》は、許可《きょか》なくネットに投稿《とうこう》することができるよ。

正《ただ》しい引用《いんよう》のしかた

◆引用元《いんようもと》がすでに発表《はっぴょう》されているものであること。

◆自分《じぶん》の文章《ぶんしょう》と区別《くべつ》できるようにするため、引用部分《いんようぶぶん》に「　」などをつける。

◆自分《じぶん》の文章《ぶんしょう》よりも、引用部分《いんようぶぶん》が多《おお》くなってはいけない。
自分《じぶん》の文章《ぶんしょう》（主《しゅ》）＞引用《いんよう》（従《じゅう》）

◆引用部分《いんようぶぶん》は一字一句《いちじいっく》そのまま引用《いんよう》すること。

◆引用元《いんようもと》を示《しめ》すこと。
(著者名《ちょしゃめい》・書名《しょめい》・出版社名《しゅっぱんしゃめい》・出版年《しゅっぱんねん》・引用《いんよう》ページ)
(曲名《きょくめい》・作詞者名《さくししゃめい》・作曲者名《さっきょくしゃめい》)　など

◆引用《いんよう》する目的《もくてき》に必然性《ひつぜんせい》（引用《いんよう》しないと伝《つた》えたいことが伝《つた》わらない場合《ばあい》など）があること。

歌詞《かし》サイトの著作権《ちょさくけん》はどうなっている？

アーティストの歌《うた》の歌詞《かし》をすべてのせているサイトは、JASRAC《ジャスラック》などの著作《ちょさく》権管理団体《けんかんりだんたい》に許可《きょか》を取《と》って、使用料《しようりょう》を支払《しはら》っているよ。「なんだ、こんなにのせていいならわたしも全部《ぜんぶ》のせちゃおう！」なんて思《おも》わないでね。

歌詞《かし》を覚《おぼ》えるのに便利《べんり》！

著作権《ちょさくけん》は切《き》れるもの

著作者《ちょさくしゃ》の死後《しご》70年《ねん》がすぎると、著作権切《ちょさくけんぎ》れ（パブリック・ドメイン）となって、だれもがその作品《さくひん》を自由《じゆう》に利用《りよう》することができるようになるよ。

作品発表《さくひんはっぴょう》
著作権《ちょさくけん》スタート
シラスン
大冒険《だいぼうけん》
作者死亡《さくしゃしぼう》
著作権終了《ちょさくけんしゅうりょう》
70年《ねん》
著作権《ちょさくけん》

シラスンはすごいね。いろんなことを知《し》ってるもんね!!
フフフ
著作権《ちょさくけん》って言葉《ことば》は知《し》ってたけど、どういうものかよくわかってなかったよ。
ボクは未来《みらい》から来《き》たスーパースゴイ犬《いぬ》ですよ。
よーしよしよし
お手《て》!!
ばしっ
おかわり!!
ばしっ
わー
わー
パワー20
ぐーん
パワー30

オンラインゲームで遊《あそ》ぶときの注意点《ちゅういてん》

ただいまー
ただいま
はあ…
サンゴさん、どうしたんですか?
リョウくんに絶交《ぜっこう》されちゃったんだって。昨日《きのう》のオンラインゲームで…
リョウバカ
オラオラ
ヘタくそ
夢中《むちゅう》になってつい言《い》っちゃっただけなのに…
ボイスチャットの機能《きのう》だね。
オンラインゲームをするときは、いろんな注意点《ちゅういてん》があるんです。
ボクにおまかせあーれ!!

ゲームアプリをダウンロードするときに気《き》をつけること

アプリをダウンロードするときは、家《いえ》の人《ひと》に必《かなら》ず相談《そうだん》してね。

ダウンロードする前《まえ》にチェック！

- ☑ **公式《こうしき》のストアサイトを利用《りよう》しているかな？**
  非公式《ひこうしき》だと高額《こうがく》な料金《りょうきん》を請求《せいきゅう》されることがあるよ。また、著作《ちょさく》権《けん》を侵害《しんがい》している可能性《かのうせい》もある。
- ☑ **値段《ねだん》を確《たし》かめたかな？**
  無料《むりょう》の場合《ばあい》でも、課金《かきん》システムなどが設定《せってい》されていないかを見《み》ておこう。
- ☑ **ゲームの対象年齢《たいしょうねんれい》に合《あ》っているかな？**

ゲームには対象年齢《たいしょうねんれい》が設定《せってい》されている！

ゲームにはいろいろなジャンルがあり、どの年齢《ねんれい》にふさわしいゲームなのか、対象年齢《たいしょうねんれい》が設定《せってい》されているんだ。自分《じぶん》にあったゲームを選《えら》ぼう。

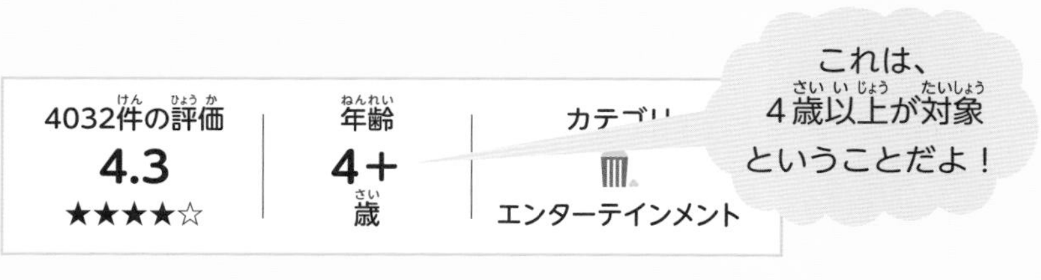

ゲーム中《ちゅう》に気《き》をつけること

ボイスチャットのやりとりでは

バカ!!
へたくそ!

個人情報《こじんじょうほう》を教《おし》えない！

こんなトラブルが！

あれ？
ゲーム
できない！

アカウントをのっとられたり、犯《はん》罪《ざい》にまきこまれることもある。

言葉《ことば》づかいに気《き》をつける！

こんなトラブルが！

実生活《じっせいかつ》での友《とも》だちとの仲《なか》にひびが入《はい》ることも…。

ゲームをする時間《じかん》を決《き》めておく

ゲームは宿題《しゅくだい》のあと
30分間《ぷんかん》6時《じ》まで

決《き》めたことは守《まも》ろうね。

"ゲーム障害《しょうがい》"とは？

2019年《ねん》にWHO《ダブルエイチオー》（世界保健機関《せかいほけんきかん》）で"ゲーム障害《しょうがい》"が病気《びょうき》として認定《にんてい》されたんだ。

- ◆ゲームをする時間《じかん》を、自分《じぶん》でコントロールできない。
- ◆他《ほか》の活動《かつどう》よりもゲームを最優先《さいゆうせん》する。
- ◆日常生活《にちじょうせいかつ》に問題《もんだい》が起《お》きているのに、ゲームを続《つづ》けてしまう。

このような状態《じょうたい》にならないように、前《まえ》もってゲーム時間《じかん》を決《き》めてしっかり守《まも》ろう！

課金《かきん》するときは、家《いえ》の人《ひと》に相談《そうだん》してから

なぜ相談《そうだん》が必要《ひつよう》かというと、**課金《かきん》するお金《かね》は家《いえ》の人《ひと》のもので、未成年《みせいねん》のきみがかせいだお金《かね》ではないから**だよ。では、課金《かきん》する場合《ばあい》、どんなふうにお金《かね》が支払《しはら》われているのかを知《し》っておこう。

キャリア決済《けっさい》やクレジットカードは、銀行口座《ぎんこうこうざ》から引《ひ》き落《お》とされる方《ほう》法《ほう》で小学生《しょうがくせい》には利用《りよう》できないよ。プリペイドカードは、決《き》まった金額分《きんがくぶん》しか使《つか》えないから使《つか》いすぎを防《ふせ》ぎやすい。利用《りよう》する場合《ばあい》には家《いえ》の人《ひと》とよく話《はな》し合《あ》おう。

〈主《おも》な支払《しはら》い方法《ほうほう》〉

キャリア決済《けっさい》
月々《つきづき》のスマホ料金《りょうきん》といっしょに携帯会社《けいたいがいしゃ》を通《つう》じて支払《しはら》う方法《ほうほう》。

プリペイドカード
コンビニなどで代金《だいきん》を先《さき》に支払《しはら》う方法《ほうほう》。(Google《グーグル》 Play《プレイ》 ギフトカード、Apple《アップル》 ギフトカードなど)

クレジットカード
カード会社《がいしゃ》を通《つう》じて支払《しはら》う方法《ほうほう》。

いろいろな支払《しはら》い方《かた》があるんだね。

リョウのヤロウにあやまってくるぜ!!
よし がんばれー
ゲーム中《ちゅう》は夢中《むちゅう》になっちゃうから、いろいろと失敗《しっぱい》もしますよね。
実《じつ》は、ワタシも戦国武将《せんごくぶしょう》ゲームで課金《かきん》しすぎちゃったことがあります…。
えっ、パパずるい!!

インターネットは何《なん》でも買《か》える!?

ポカ
ポカ
スャ
スャ
ムニャ
ムニャ
キャアアアア
ママぁ？どうしたの。
ネットで買《か》ったお洋服《ようふく》、サイズが全然《ぜんぜん》ちがってたの!!
でかすぎー
ど〜ん
またあ？
この前《まえ》はしょうゆ50本《ぽん》買《か》ったし
ふぁ
ネットショッピングは便利《べんり》だけど、注意点《ちゅういてん》もたくさんあります。ここはボクにおまかせ、あーれ…。

ネットショップで買《か》うメリット

ショッピングサイトは、ネット上《じょう》にある巨大《きょだい》なショッピングモールみたいなもので、たくさんのお店《みせ》が入《はい》っているんだ。

アマゾンや楽天市場《らくてんいちば》など、企業《きぎょう》が運営《うんえい》するショッピングサイトが有名《ゆうめい》だよ。

注文《ちゅうもん》
商品《しょうひん》
ショップ
支払《しはら》い

店《みせ》に行《い》かなくても買《か》える

時《じ》間《かん》がないから便《べん》利《り》だわ

家《いえ》を出《で》られないとき、近《ちか》くでは買《か》えないものがあるときなどに便利《べんり》。

たくさんの商品《しょうひん》を比《くら》べられる

どれもステキ！

商品《しょうひん》の値段《ねだん》、機能《きのう》、見《み》た目《め》などを比《くら》べやすい。

時間《じかん》を気《き》にせず買《か》える

お店《みせ》の営業時間《えいぎょうじかん》に関係《かんけい》なく、自分《じぶん》の都合《つごう》のよいときに買《か》える。

家《いえ》まで届《とど》けてくれる

宅配《たくはい》さんありがとう

商品《しょうひん》が重《おも》くても大《おお》きくても、運《はこ》んでもらえる。

ネットショッピングで気《き》をつけること

必《かなら》ず家《いえ》の人《ひと》といっしょに！

店《みせ》の連絡先《れんらくさき》を確《たし》かめよう

中《なか》には、悪質《あくしつ》な店《みせ》もあるよ。個人情報《こじんじょうほう》を入力《にゅうりょく》する前《まえ》に必《かなら》ず確認《かくにん》しよう。

12月《がつ》24日《か》
注文《ちゅうもん》したのに届《とど》かない！

《トラブル例《れい》》

- ニセモノが届《とど》いた！
- 商品《しょうひん》が届《とど》かない！
- 写真《しゃしん》とちがうボロボロのものが届《とど》いた！

商品《しょうひん》の説明《せつめい》と返品《へんぴん》の条件《じょうけん》についてよく読《よ》もう

思《おも》っていた商品《しょうひん》とちがったとき、返品《へんぴん》ができるかどうかは大事《だいじ》なポイント。

大《おお》きすぎ！
返品《へんぴん》したいです

《トラブル例《れい》》

- サイズ、色《いろ》、素材《そざい》が思《おも》っていたのとちがう！
- まちがえて注文《ちゅうもん》した！

評価《ひょうか》を読《よ》もう

口コミ、レビュー、星《ほし》の数《かず》などで示《しめ》される店《みせ》や商品《しょうひん》の評価《ひょうか》は、いいものだけを見《み》るのではなく、悪《わる》いものも必《かなら》ず読《よ》むようにしよう。

★★★★★
とてもいい商品《しょうひん》でした

★★☆☆☆
お店《みせ》の対応《たいおう》があまりよくありませんでした

商品《しょうひん》金額《きんがく》や送料《そうりょう》を確《たし》かめよう

「今《いま》なら、500円《えん》で購入《こうにゅう》できる！」
「クーポン利用《りよう》で20％オフ！」
などといった広告《こうこく》だけで買《か》わない。商品《しょうひん》の説《せつ》明《めい》や代金《だいきん》、送料《そうりょう》などをしっかり確認《かくにん》しよう。

《トラブル例《れい》》
- 値引《ねび》き前《まえ》の商品《しょうひん》の値段《ねだん》がそもそも高《たか》かった！
- 商品《しょうひん》は安《やす》いのに、送料《そうりょう》がめちゃくちゃ高《たか》かった！

今《いま》なら50%オフ！
4,000円《えん》→2,000円《えん》
20日21時《じ》までに注文《ちゅうもん》するとおトク!!

支払《しはら》い方法《ほうほう》を確《たし》かめよう

支払《しはら》い方法《ほうほう》は複数選《ふくすうえら》べるお店《みせ》がいいよ。代金《だいきん》を先《さき》に支払《しはら》うもの、商品《しょうひん》を受《う》け取《と》った後《あと》で支払《しはら》うものなど、さまざまな方法《ほうほう》があるよ。

〈ネットショップへの主《おも》な支払《しはら》い方法《ほうほう》〉

クレジットカード
カード会社《がいしゃ》を通《つう》じて、代《だい》金《きん》を支払《しはら》う。

銀行口座《ぎんこうこうざ》へのふりこみ
お店《みせ》の銀行口座《ぎんこうこうざ》に商品代《しょうひんだい》金《きん》をふりこむ。詐欺《さぎ》の場《ば》合《あい》もあるので気《き》をつけて。特《とく》に口座名《こうざめい》が個人《こじん》のときは要注意《ようちゅうい》！

キャリア決済《けっさい》
月々《つきづき》のスマホ料金《りょうきん》といっしょに携帯会社《けいたいがいしゃ》を通《つう》じて代金《だいきん》を支払《しはら》う。

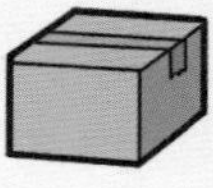

代引《だいび》き
商品《しょうひん》が届《とど》いた際《さい》に運送会社《うんそうがいしゃ》に代金《だいきん》を支払《しはら》う。

コンビニ決済《けっさい》
コンビニを通《つう》じて、代金《だいきん》を支払《しはら》う。

家《いえ》の人《ひと》がどうやって支払《しはら》っているのかを聞《き》いてみよう。

フリマアプリを利用《りよう》するときに気《き》をつけること

フリマとはフリーマーケット（もともとは「がらくた市《いち》」を指《さ》す言葉《ことば》）のこと。アプリでは、ネット上《じょう》で個人《こじん》どうしが物《もの》を売《う》ったり買《か》ったりできるよ。メルカリやラクマなどが有名《ゆうめい》。

ほしい物《もの》をさがせるだけでなく、自分《じぶん》の不要《ふよう》な物《もの》を売《う》ってお金《かね》にすることもできるんだ。

〈売《う》るとき〉

写真《しゃしん》をとり、商品《しょうひん》の説明文《せつめいぶん》を考《かんが》える

値段《ねだん》を決《き》める

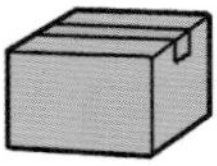

商品《しょうひん》を発送《はっそう》する

〈買《か》うとき〉

商品《しょうひん》を探《さが》す

お金《かね》を支払《しはら》う

信頼《しんらい》できる相手《あいて》か確《たし》かめる

トラブルが起《お》きた場合《ばあい》は、個人間《こじんかん》で解決《かいけつ》することになっているよ。フリマアプリを利用《りよう》するときは、必《かなら》ず家《いえ》の人《ひと》といっしょにやろう。

ネットオークションって何《なに》？

オークションは、ある人《ひと》が商品《しょうひん》を出《しゅっ》品《ぴん》し、その商品《しょうひん》をほしい人《ひと》が希望《きぼう》の金《きん》額《がく》を提示《ていじ》する。そして、いちばん高《たか》い金額《きんがく》を提示《ていじ》した人《ひと》が購入《こうにゅう》できるというものだよ。それをネットでできるんだ。

「購入《こうにゅう》する」をクリックする前《まえ》に

☑ 店《みせ》の連絡先《れんらくさき》（事業者名《じぎょうしゃめい》・住所《じゅうしょ》・電話番号《でんわばんごう》）を確《たし》かめたかな？
☑ 支払《しはら》い方法《ほうほう》を確《たし》かめたかな？
☑ 銀行《ぎんこう》の個人口座《こじんこうざ》への支払《しはら》いになっていないかな？
☑ 返品《へんぴん》の条件《じょうけん》を確《たし》かめたかな？
☑ 商品金額《しょうひんきんがく》と送料《そうりょう》の合計《ごうけい》を確《たし》かめたかな？
☑ 商品《しょうひん》のサイズや色《いろ》、素材《そざい》などを確《たし》かめたかな？
☑ 口コミや評価《ひょうか》を読《よ》んだかな？
☑ 商品《しょうひん》がいつごろ届《とど》くか確《たし》かめたかな？

以後《いご》、ネットショップでの買《か》い物《もの》には気《き》をつけます。
そうだよ、ママはよく見《み》ないですぐに買《か》っちゃうんだから!!
はーい、ママも反省《はんせい》しています。
シラスン、ありがとうね。
どういたしまして
SOS《エスオーエス》信号《しんごう》のチャージもネットで買《か》えたらいいのにね。どこかのサイトに売《う》ってないかなあ。
パワー30
いい子！
令和《れいわ》に未来《みらい》のものはないですよ〜。
ピコン
パワー40

スマホもウイルスに感染《かんせん》する!?

ピロリロリン♪
あれ、パパから変《へん》なメールがたくさんきてる…。
ほんとだ
パパ、送《おく》るのやめて!!
え
ワタシじゃないです〜。タブレットだけじゃなく、スマホの動《うご》きも急《きゅう》に悪《わる》くなって何《なに》か変《へん》なんです!!
シラスン助《たす》けてー
くんくん
これはウイルスのにおいがしますね。パパさん、何《なに》かしましたか?
たとえば…
知《し》らない人《ひと》からの添付《てんぷ》ファイルを開《ひら》いた、とか?
ガーン
えっーーー!!
どうしてわかったんですか!?
ボクにおまかせあーれ!!

ウイルスってどんなもの？

スマホやパソコンのウイルスとは、悪意《あくい》をもって作《つく》られた不正《ふせい》プログラムのことだよ。動作《どうさ》を悪《わる》くさせたりデータをぬすんだりするんだ。

〈ウイルス感染《かんせん》のしくみ〉

知《し》らない人《ひと》からの添付《てんぷ》ファイルを開《ひら》いた。

あやしいメッセージにあるURL《ユーアールエル》をクリックした。

公式《こうしき》サイト以外《いがい》からダウンロードした。

動作《どうさ》が悪《わる》くなる。

アカウントを乗《の》っ取《と》られる。

スマホやパソコンをフリーズさせた後《あと》で、元通《もとどお》りにするためのお金《かね》を要求《ようきゅう》される。

大量《たいりょう》の迷惑《めいわく》メールが届《とど》く。

大量《たいりょう》のSMS《エスエムエス》を勝手《かって》に送《おく》ってしまう。

個人情報《こじんじょうほう》をぬすまれる。

知《し》らないだれかに遠隔操作《えんかくそうさ》される。

不正《ふせい》アプリが勝《かっ》手《て》にインストールされる。

ウイルスから守《まも》るには？

ダウンロードは、公式《こうしき》サイトからだけにしよう

あやしいメールのURL《ユーアールエル》をクリックしたり、添付《てんぷ》ファイルを開《ひら》いたりしない。

ウイルス対策用《たいさくよう》のセキュリティアプリを入《い》れよう

無料《むりょう》のものや、月々数百円《つきづきすうひゃくえん》で利《り》用《よう》できるものもあるよ。

スマホやパソコンのOS《オーエス》、アプリをアップデートして最新《さいしん》のものにしておこう

OS《オーエス》やアプリが古《ふる》いままだと、ウイルスに感染《かんせん》しやすくなってしまうよ。

パスワードのいらないフリー Wi-Fi《ワイファイ》は使《つか》わないで

駅《えき》やコンビニ、公共《こうきょう》の施設《しせつ》などでネットを利用《りよう》するときに便利《べんり》なフリーWi-Fi《ワイファイ》。でも、中《なか》には安全性《あんぜんせい》が低《ひく》いものもあるんだ。特《とく》にパスワードの設定《せってい》がされていないものは、個人情報《こじんじょうほう》やデータをぬすまれてしまうこともあるので利用《りよう》しないようにしよう。

フィルタリングで安全《あんぜん》を守《まも》る

フィルタリングで有害《ゆうがい》なサイトを表示《ひょうじ》しないようにすることができるんだ。ウイルス感染《かんせん》や詐欺《さぎ》などを防《ふせ》ぐよ。

《保護者のかたへ》フィルタリングについては、156ページをご覧ください。また、OSやアプリのアップデート、セキュリティアプリのインストールなどはお子さまと一緒に行ってあげてください。

ウイルスに感染《かんせん》したら？

「ウイルスに感染《かんせん》したかも？」と思《おも》ったらそのままスマホやパソコンを使《つか》い続《つづ》けてはダメ。すぐに家《いえ》の人《ひと》に相談《そうだん》して対処《たいしょ》しよう。

すぐにネットの接続《せつぞく》を切《き》る

それ以上《いじょう》、被害《ひがい》を広《ひろ》げないようにするためだよ。

ウイルス対策《たいさく》アプリで、原因《げんいん》をとりのぞく

《保護者のかたへ》ウイルス感染が疑われた際には、セキュリティソフトを最新版にアップデートする等、保護者の方が早急に対処してください。

スマホ、やっと元《もと》にもどりました。
パパさん、気《き》をつけてくださいね。
ありがとうございます
なでなで
ピコーン
パワー 50
もしかして…
オレ、SOS《エスオーエス》信号《しんごう》のパワーがふえるしくみがわかっちゃったかも…。
ワン
びくっ
アタシも!!

ネットの使《つか》いすぎに気《き》をつけよう

ねえ、シラスン。もう少《すこ》しでSOS《エスオーエス》信号《しんごう》のパワーが満《まん》タンになりそうだよ。
ほらっ
パワー 90
わーん!!
どうして、そんなにふえてるの？
毎日《まいにち》楽《たの》しくってすっかりわすれてました!!
ねえ、オレらにまだ教《おし》えていないことはない？
ぐいぐい
何《なに》か役《やく》に立《た》つことを教《おし》えてよ!!
急《きゅう》にどうしたの？調子《ちょうし》くるっちゃうなあ。
では、とっても大切《たいせつ》なことをお教《おし》えします。
ネットは楽《たの》しいけど、使《つか》いすぎは注意《ちゅうい》ってお話《はなし》!!

こんな使《つか》い方《かた》はやめよう

おやすみを言《い》ってから
こっそりゲームをしている

なんとなく、いつも
スマホをいじっている

何《なに》かをしながら、
ネットを見《み》ている

メッセージが届《とど》いたら
あわててすぐに返信《へんしん》をする

動画《どうが》を次《つぎ》から次《つぎ》へと
再生《さいせい》して見続《みつづ》ける

気付《きづ》くと、思《おも》っていたより
時間《じかん》がすぎている

インターネットには、ゲーム、動画《どうが》、SNS《エスエヌエス》、マンガ、音楽《おんがく》などの楽《たの》しいことがいっぱい！　だからといって、ネットを使《つか》う時間《じかん》ばかりふえてしまっていいのかな？　使《つか》い方《かた》をよく考《かんが》えてみよう。

使《つか》いすぎると、心《こころ》や体《からだ》に影響《えいきょう》してしまう

イライラしたり、落《お》ちこんだりしやすくする

寝不足《ねぶそく》になって生活《せいかつ》リズムがみだれる

起《お》きる時間《じかん》、ねる時間《じかん》は守《まも》ろう。睡眠時間《すいみんじかん》が少《すく》なくなると、昼間《ひるま》ぼんやりしてしまうよ。

目《め》がつかれる

姿勢《しせい》が悪《わる》くなる

首《くび》やかたがいたくなる

大人《おとな》もゲームに夢中《むちゅう》になるのはどうして？

ゲームには、遊《あそ》ぶ人《ひと》を楽《たの》しませるための工夫《くふう》がたくさんこらされているよね。有料《ゆうりょう》アイテムは、「もっと強《つよ》くなりたい」「めずらしいアイテムがほしい」という気持《きも》ちを引《ひ》き出《だ》して利用者《りようしゃ》をゲームに向《む》かわせるためのものだけど、大人《おとな》のほうがお金《かね》があるから夢中《むちゅう》になってしまうこともあるのかもしれないね。

ネットに使《つか》う時間《じかん》を決《き》めよう

まず、自分《じぶん》の1日《にち》のネット利用時間《りようじかん》を知《し》ろう

スマホの場合《ばあい》は、設定画面《せっていがめん》から調《しら》べることができるよ。アプリごとの利用時間《りようじかん》もわかるんだ。

家《いえ》の人《ひと》に見《み》てもらおう。

〈確認方法《かくにんほうほう》〉

iPhone《アイフォン》：　設定《せってい》➡スクリーンタイム

Android《アンドロイド》：設定《せってい》➡アプリと通知《つうち》

こんなに使《つか》った？
そんなに使《つか》ってないな。

1日《にち》に使《つか》う時間《じかん》を考《かんが》えよう

家《いえ》に帰《かえ》ってからねるまでの時間配分《じかんはいぶん》を考《かんが》えた後《あと》で、自由時間《じゆうじかん》のうちネットにどれくらいの時間《じかん》を使《つか》うか決《き》めよう。

家《いえ》に帰《かえ》る時《じ》こく

□時　□分

あいだの時間《じかん》

□分

ねる時《じ》こく

□時　□分

家《いえ》に帰《かえ》ってからねるまでにやること

- 宿題《しゅくだい》・勉強《べんきょう》　□分
- 習《なら》い事《ごと》・じゅく　□分
- 夕食《ゆうしょく》　□分
- おふろ・はみがき　□分
- 次《つぎ》の日《ひ》の準備《じゅんび》　□分
- お手伝《てつだ》い　□分
- その他《た》　□分
- 自由時間《じゆうじかん》　□分

合計《ごうけい》　□分

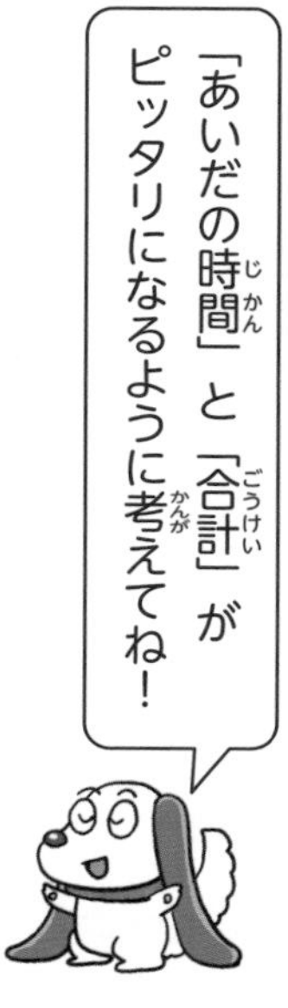
「あいだの時間《じかん》」と「合計《ごうけい》」がピッタリになるように考《かんが》えてね！

ジャジャジャーン
パワー100
イエーイ!!
SOS《エスオーエス》パワー、チャージ完了《かんりょう》!!
バンザーイ
うれしいけど…どうしてふえたんでしょうか?
オレ、知《し》ってるぜ。
アタシも!!
あのね、シラスンがネットのことを教《おし》えてくれるたびにふえていたんだよ。
えっ、そんなことで!?
ボクは白崎《しろさき》さんちに置《お》いてもらう代《か》わりに、ネットのことをお教《おし》えしていただけなのに…。
やりましたね
さあ早《はや》く、SOS《エスオーエス》信号《しんごう》を発信《はっしん》してみましょう!!
そうだけど…。

わーーーん!!
帰《かえ》りたいけど
帰《かえ》りたくないよ。
だって…
サンゴさんも
パールさんも、ママさんも
パパさんも、白崎《しろさき》家《け》のみなさんが
大《だい》好《す》きなんです!!
オレらだって、
ずっといっしょに
いたいよ!!
うわ〜〜ん
何《なに》言《い》ってるんですか。
タイムマシンが直《なお》ったら
また、こっちに遊《あそ》びに
来《こ》られるじゃ
ないですか。
あ、
そうか!!
じゃ、ボタンを
おしますよ?
帰《かえ》っちゃうよ?
SOS
ドキ
ドキ
ポチッ
SOS

きみは、インターネットを使《つか》いこなす自《じ》信《しん》がついたかな？

コラム③ ワン、ツー、スリー、フォー、5G《ファイブジー》！

5G《ファイブジー》（5th《フィフス》 Generetaion《ジェネレーション》）は、第《だい》5世代《せだい》移動《いどう》通信《つうしん》システムのこと。「5」ということは？　もちろん、第《だい》1～4世代《せだい》もある。1980年代《ねんだい》に登場《とうじょう》した携帯電話《けいたいでんわ》の通信《つうしん》には、1G《ワンジー》（第《だい》1世代《せだい》）の技術《ぎじゅつ》が使《つか》われていたよ。そのころから通信速度《つうしんそくど》がぐんぐん速《はや》くなっていき、今《いま》は2020年《ねん》に登場《とうじょう》した5G《ファイブジー》の技術《ぎじゅつ》が使《つか》われているんだ。

世代《せだい》	携帯電話《けいたいでんわ》の機能《きのう》
1G《ワンジー》（1980年代《ねんだい》）	通話《つうわ》のみ。
2G《ツージー》（1990年代《ねんだい》）	メールのやりとりや、インターネットの利用《りよう》ができるようになる。
3G《スリージー》（2000年代《ねんだい》）	高速《こうそく》のデータ通信《つうしん》ができるようになる。 日本《にほん》の携帯電話《けいたいでんわ》を海外《かいがい》でも使《つか》えるようになる。
4G《フォージー》（2010年代《ねんだい》）	携帯電話《けいたいでんわ》よりもスマホを使《つか》う人《ひと》が主流《しゅりゅう》となる。 通信速度《つうしんそくど》がさらに速《はや》くなり、動画《どうが》やゲームなども楽《たの》しめるようになる。

5G《ファイブジー》で、どんなことができるの？

5G《ファイブジー》では、インターネットの使《つか》い勝手《がって》がよくなるだけではなく、産業《さんぎょう》や医療《いりょう》など社会《しゃかい》のしくみにも大《おお》きな変化《へんか》が起《お》きるだろうといわれているよ。自動車《じどうしゃ》の完全自動運転《かんぜんじどううんてん》や、遠隔操作《えんかくそうさ》による手術《しゅじゅつ》などが可能《かのう》になる日《ひ》も近《ちか》い！

速《はや》さ 4G《フォージー》の20～100倍以上《ばいいじょう》！

タイムラグ 4G《フォージー》の約《やく》1/10！

同時接続《どうじせつぞく》できる数《かず》 4G《フォージー》の約《やく》10倍《ばい》！

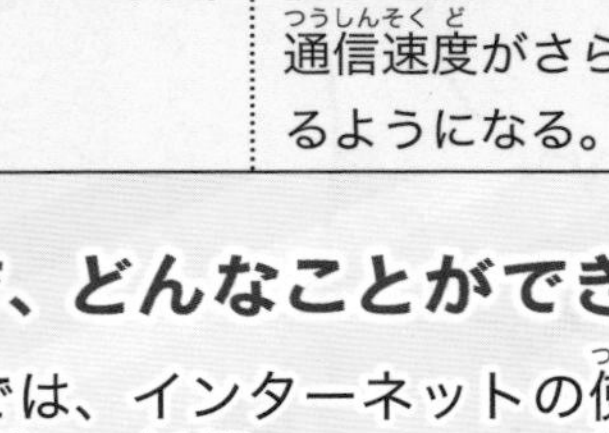

自動車《じどうしゃ》の完全自動運転《かんぜんじどううんてん》

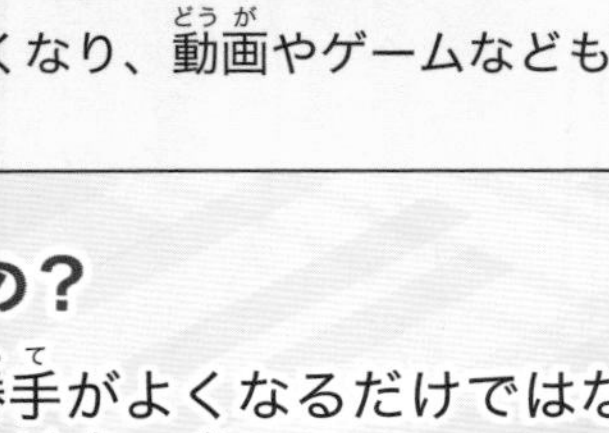

遠隔操作《えんかくそうさ》による手術《しゅじゅつ》

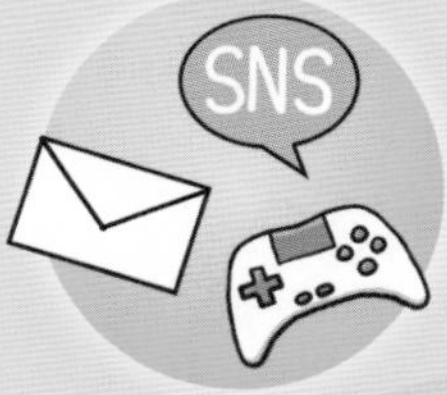
SNS

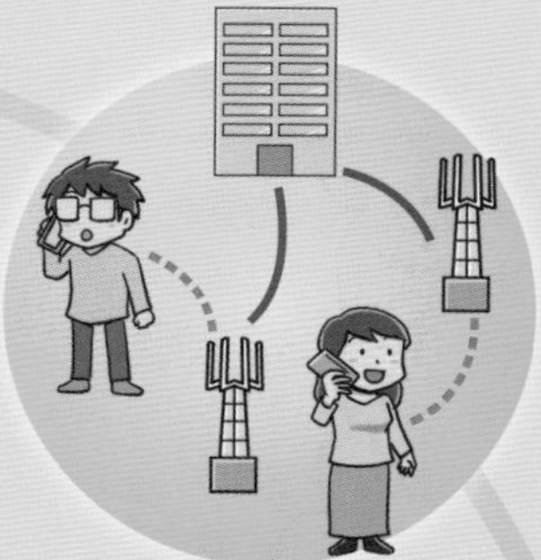

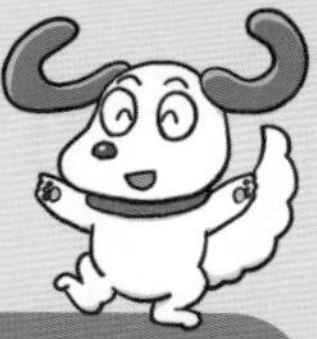

PART 4

インターネットやコンピューターのしくみ

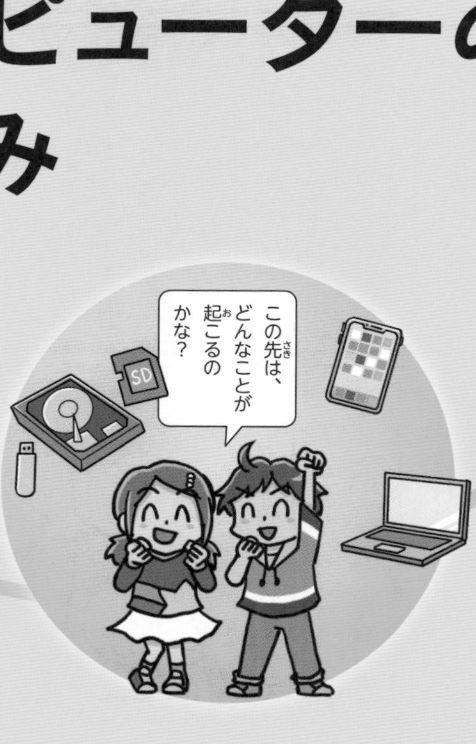
この先《さき》は、
どんなことが
起《お》こるの
かな？
SD

インターネットはいつ生《う》まれたの？

あれから、一《いっ》か月《げつ》
うーん
うーん
シラスン、どうしたの？
あんなにドキドキしてSOS信号《エスオーエスしんごう》を出《だ》したのに、
なぜだー！
むかえが来《こ》ない!!
でも、白崎家《しろさきけ》にいれば楽《たの》しいからいいんだ。こうなったら令和《れいわ》の犬《いぬ》として幸《しあわ》せにくらしてやる!!
ねえ、シラスン。未来《みらい》ってどんな感《かん》じ？
アタシの10年後《ねんご》とか知《し》りたいなあ。
教《おし》えてあげたいけど、個人《こじん》のことはダメなんです。未来《みらい》の世界《せかい》から追放《ついほう》されちゃう…。
そっかあ
代《か》わりに、インターネットの歴史《れきし》なら教《おし》えてあげられますよ!!

クエスチョン！

ICT《アイシーティー》クイズにちょうせん！

ICT《アイシーティー》とは、「Information《インフォメーション》 and《アンド》 Communication《コミュニケーション》 Technology《テクノロジー》」の略《りゃく》で、インターネットなど情報通信技術《じょうほうつうしんぎじゅつ》に関《かか》わるものを表《あらわ》す言葉《ことば》だよ。

答《こた》えは次《つぎ》のページ！

正《ただ》しいものはどれかな？

1

1969年《ねん》、世界初《せかいはつ》のインターネットが開発《かいはつ》された国《くに》はどこ？

- Ⓐ 日本《にほん》
- Ⓑ 中国《ちゅうごく》
- Ⓒ アメリカ

2

1980年代《ねんだい》から流行《りゅうこう》した、「ポケベル」って何《なん》の略《りゃく》？

ポケ○○ベル

3

ウェブサイトの「ウェブ」の意味《いみ》は？

- Ⓐ 波《なみ》
- Ⓑ 森林《しんりん》
- Ⓒ くもの巣《す》

4

日本《にほん》で、インターネットが家庭《かてい》に広《ひろ》まったのは「昭和《しょうわ》」と「平成《へいせい》」、どっち？

5

Facebook《フェイスブック》（SNS《エスエヌエス》）をつくったのはだれ？

- Ⓐ ビル・ゲイツ
- Ⓑ スティーブ・ジョブズ
- Ⓒ マーク・ザッカーバーグ

6

2020年《ねん》にスタートした5G《ファイブジー》という通信《つうしん》システムの「G《ジー》」って何《なん》の頭文字《かしらもじ》？

- Ⓐ Generation《ジェネレーション》（世代《せだい》）
- Ⓑ Great《グレート》（すばらしい）
- Ⓒ Galaxy《ギャラクシー》（銀河《ぎんが》）

1960年代《ねんだい》から見《み》ていくよ！

1960年代《ねんだい》

1

答《こた》えは アメリカ Ⓒ

1969年《ねん》に、今《いま》のインターネットの元《もと》になる「ARPANET《アーパネット》」が、アメリカで開発《かいはつ》された。

1970年代《ねんだい》

1979年《ねん》〜
携帯電話《けいたいでんわ》
第《だい》1世代《せだい》（1G《ワンジー》）

1993年《ねん》ごろ〜
携帯電話《けいたいでんわ》
第《だい》2世代《せだい》（2G《ツージー》）

1996年《ねん》
日本初《にほんはつ》の
商用検索《しょうようけんさく》サイト
「Yahoo! JAPAN《ヤフー ジャパン》」
サービス開始《かいし》

2001年《ねん》〜
携帯電話《けいたいでんわ》
第《だい》3世代《せだい》（3G《スリージー》）

2000年代《ねんだい》

5

答《こた》えは マーク・ザッカーバーグ Ⓒ

2004年《ねん》に、大学生《だいがくせい》だったマーク・ザッカーバーグが同級生《どうきゅうせい》と二人《ふたり》でFacebook《フェイスブック》を誕生《たんじょう》させたよ。この後《あと》、さまざまなSNS《エスエヌエス》が次々《つぎつぎ》と誕生《たんじょう》していくことになるんだ。
ビル・ゲイツはマイクロソフト社《しゃ》、スティーブ・ジョブズはアップル社《しゃ》の創業者《そうぎょうしゃ》。

2008年《ねん》〜
「iPhone《アイフォーン》」発売《はつばい》、その後《ご》「Android《アンドロイド》スマートフォン」も発売《はつばい》され、スマホが携帯電話《けいたいでんわ》の主流《しゅりゅう》になっていく。

2010年代《ねんだい》

2 答《こた》えは ポケットベル

4649

1980年代《ねんだい》〜　携帯電話《けいたいでんわ》が広《ひろ》まる前《まえ》に、簡単《かんたん》なやりとりができる機器《きき》として流《りゅう》行《こう》した。最初《さいしょ》は「4649」（よろしく）などと数字《すうじ》しか表示《ひょうじ》されなかったんだ。

1984年《ねん》
日《に》本国内《ほんこくない》の３つの大《だい》学《がく》のパソコンをつなげただけのネットワークがスタート。日《に》本《ほん》のインターネットの元《もと》の一《ひと》つになった。

1980年代《ねんだい》

3 答《こた》えは くもの巣《す》 Ⓒ

1991年《ねん》に世界《せかい》で初《はじ》めてウェブサイトが公開《こうかい》。ウェブとは「world《ワールド》 wide《ワイド》 web《ウェブ》」のこと。世界《せかい》に広《ひろ》がる「くもの巣《す》」という意味《いみ》なんだ。

（➡ウェブサイトの説明《せつめい》は115ページ）

4 答《こた》えは 平成《へいせい》

1995年《ねん》（平成《へいせい》７年《ねん》）にOS《オーエス》の「Windows《ウインドウズ》95」が発売《はつばい》されたのをきっかけに、急速《きゅうそく》にインターネットが広《ひろ》まったよ。

1990年代《ねんだい》

この先《さき》は、どんなことが起《お》こるのかな？

6 答《こた》えは Generation《ジェネレーション》 Ⓐ

2020年《ねん》ごろに登場《とうじょう》した5G《ファイブジー》は、「第《だい》５世代《せだい》」という意味《いみ》の超高速通信《ちょうこうそくつうしん》システム。２時《じ》間《かん》の映画《えいが》を３秒《びょう》ほどでダウンロードできる。

2010年《ねん》〜
携帯電話《けいたいでんわ》
第《だい》４世代《せだい》（4G《フォージー》）

現在《げんざい》

2020年代《ねんだい》

インターネットの“接続《せつぞく》”ってどんなこと？

あるお休《やす》みの日《ひ》
ワンワーン
ブーブー
あっ、パパだ。
パパ
もしもし、うんうん。わかったよ。
4時《じ》までに帰《かえ》っておいでって。
池《いけ》のほうまで行《い》きたかったのに。何《なん》で携帯《けいたい》なんて持《も》ってきたんだよ！
えー
こまったらすぐに連絡《れんらく》できて便利《べんり》でしょ。ママが持《も》っていきなさいって。
ワンワンワン!!
（そうだよ！ この便利《べんり》なネットワークのしくみのことを教《おし》えてあげるよ。人前《ひとまえ》だから、犬語《いぬご》だわん！）
おまかせあーれ

つながるしくみ

インターネットは、世界中《せかいじゅう》のコンピューターどうしをつなぐ地球規模《ちきゅうきぼ》の巨大《きょだい》なネットワーク。まずは、家《いえ》の中《なか》の小《ちい》さなネットワークから見《み》ていこう。ルーターという機器《きき》からプロバイダ（インターネット接続事業者《せつぞくじぎょうしゃ》）につながり、インターネットを利用《りよう》することができるようになるんだ。

LAN《ラン》（ローカルエリアネットワーク）

家《いえ》や会社《かいしゃ》、学校《がっこう》など同《おな》じ建物《たてもの》の中《なか》で使《つか》われているコンピューターのネットワークのこと。

—— 通信《つうしん》ケーブル
- - - - 無線《むせん》LAN《ラン》（Wi《ワイ》-Fi《ファイ》）
- - - - モバイル通信《つうしん》（携帯電話《けいたいでんわ》の電波《でんぱ》）

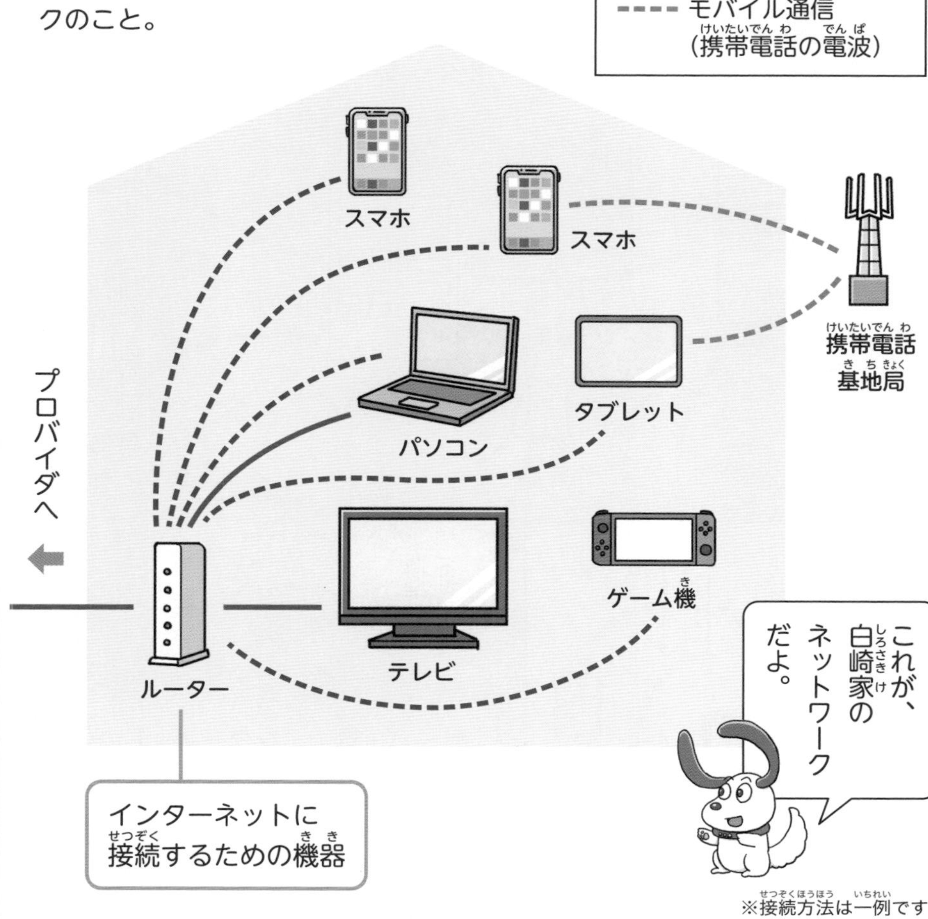

※接続方法《せつぞくほうほう》は一例《いちれい》です。

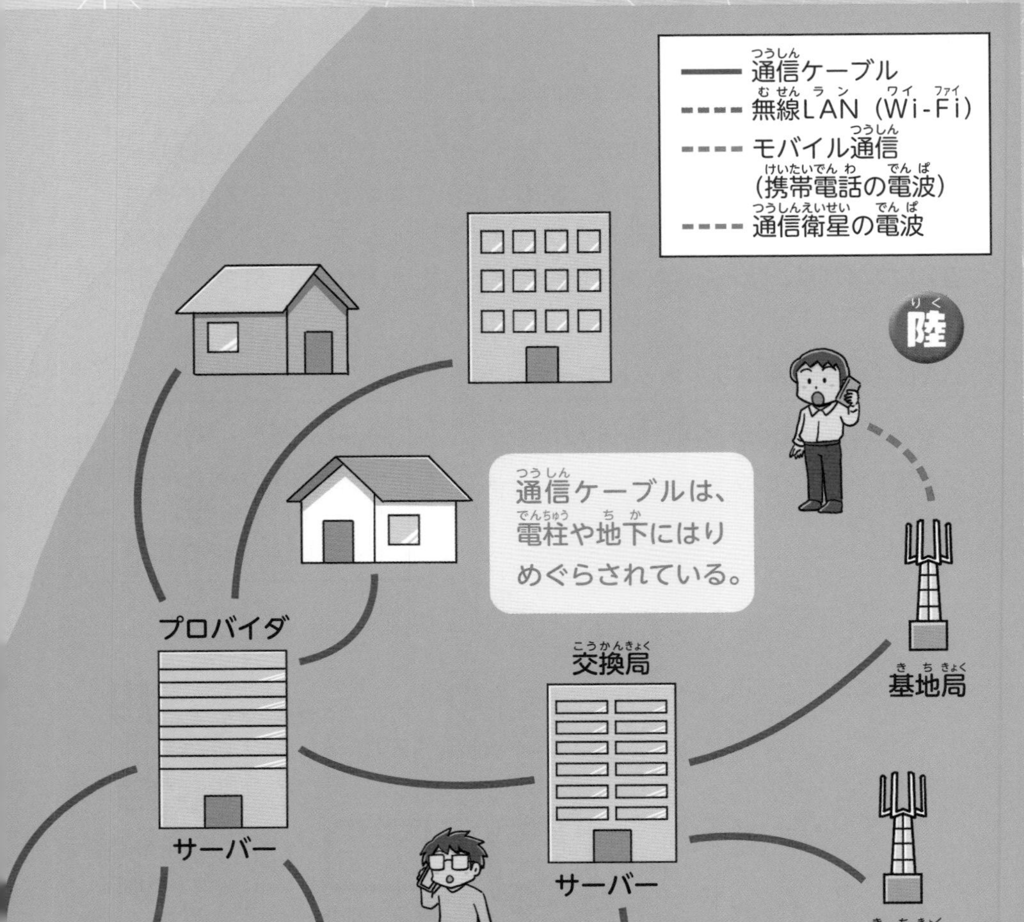

通信《つうしん》ケーブル
無線《むせん》LAN《ラン》（Wi《ワイ》-Fi《ファイ》）
モバイル通信《つうしん》
（携帯電話《けいたいでんわ》の電波《でんぱ》）
通信衛星《つうしんえいせい》の電波《でんぱ》
陸《りく》
通信《つうしん》ケーブルは、
電柱《でんちゅう》や地下《ちか》にはり
めぐらされている。
プロバイダ
サーバー
交換局《こうかんきょく》
サーバー
基地局《きちきょく》
基地局《きちきょく》
基地局《きちきょく》
駅《えき》
ルーター
サーバーは、インターネットの中《なか》で
さまざまなサービスを提供《ていきょう》する中心《ちゅうしん》
的《てき》なコンピューターのこと。世界中《せかいじゅう》
のさまざまな場所《ばしょ》に設置《せっち》されている。

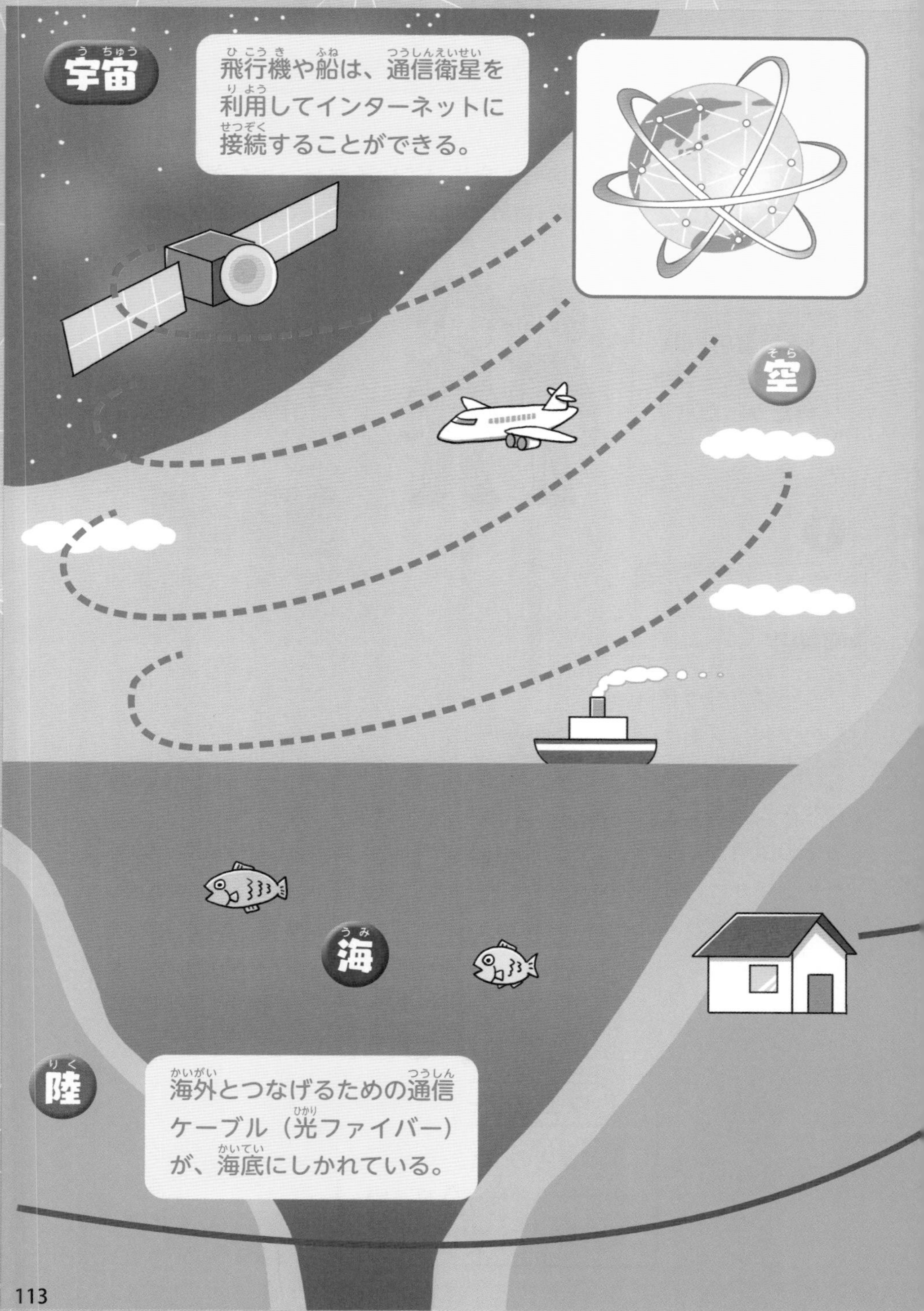
宇宙《うちゅう》
飛行機《ひこうき》や船《ふね》は、通信衛星《つうしんえいせい》を
利用《りよう》してインターネットに
接続《せつぞく》することができる。
空《そら》
海《うみ》
陸《りく》
海外《かいがい》とつなげるための通信《つうしん》
ケーブル（光《ひかり》ファイバー）
が、海底《かいてい》にしかれている。

ウェブページが表示《ひょうじ》されるしくみ

　ウェブページは、みんながネットで何《なに》かを調《しら》べたり、買《か》い物《もの》をしたり、SNS《エスエヌエス》などを使《つか》ったりしているときに見《み》ているさまざまなページのことだよ。このウェブページは、世界中《せかいじゅう》にあるサーバーの中《なか》にあるんだ。

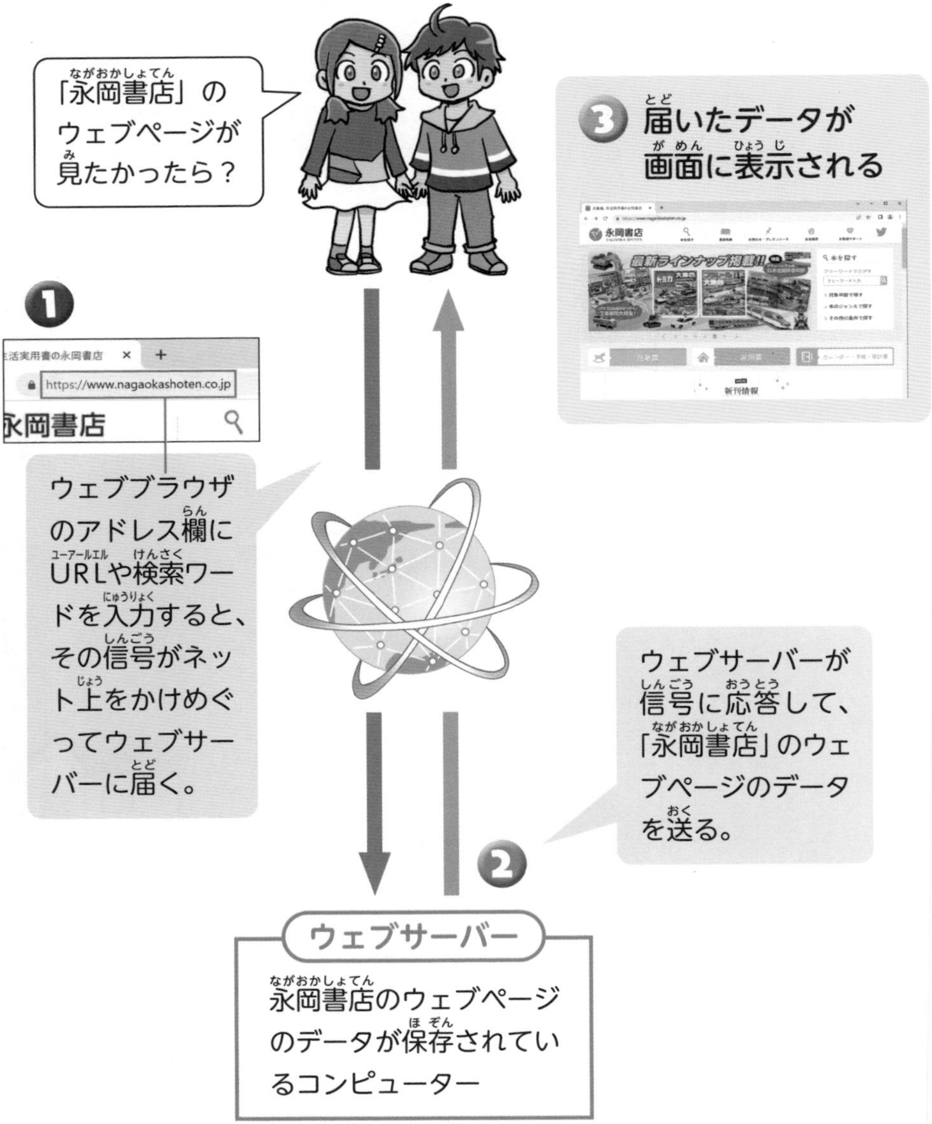

「永岡書店《ながおかしょてん》」のウェブページが見《み》たかったら？
3 届《とど》いたデータが画面《がめん》に表示《ひょうじ》される
永岡書店
最新ラインナップ掲載!!
新刊情報
1
生活実用書の永岡書店
https://www.nagaokashoten.co.jp
永岡書店
ウェブブラウザのアドレス欄《らん》にURL《ユーアールエル》や検索《けんさく》ワードを入力《にゅうりょく》すると、その信号《しんごう》がネット上《じょう》をかけめぐってウェブサーバーに届《とど》く。
ウェブサーバーが信号《しんごう》に応答《おうとう》して、「永岡書店《ながおかしょてん》」のウェブページのデータを送《おく》る。
2
ウェブサーバー
永岡書店《ながおかしょてん》のウェブページのデータが保存《ほぞん》されているコンピューター

IT《アイティー》用語《ようご》をチェック！

◆ウェブサイト

さまざまなウェブページがつながっているもの。

例《れい》）永岡書店《ながおかしょてん》のウェブサイト

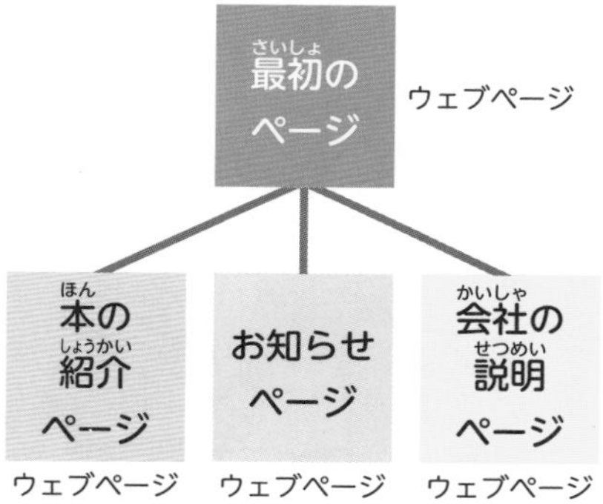

最初《さいしょ》のページ
ウェブページ
本《ほん》の紹介《しょうかい》ページ
お知らせページ
会社《かいしゃ》の説明《せつめい》ページ
ウェブページ
ウェブページ
ウェブページ

最初《さいしょ》のページをホームページ（HP）ともいうよ。

◆ウェブブラウザ

パソコンやスマホでウェブページを見《み》るためのソフトウェア。ウェブサーバーにアクセスするために必要《ひつよう》だよ。

〈主《おも》なウェブブラウザ〉

Microsoft《マイクロソフト》 Edge《エッジ》、
Google《グーグル》 Chrome《クローム》、
Firefox《ファイアーフォックス》、Safari《サファリ》　など

◆URL《ユーアールエル》

インターネット上《じょう》でのウェブページの住所《じゅうしょ》を表《あらわ》す。

例《れい》）

https://www.nagaokashoten.co.jp

ワンワン!!
（お前見《まえみ》かけない顔《かお》だな。
新入《しんい》りか？
どこのもんだ？）
ワンワン!!
（はじめまして）
ワンワン!!
（白崎家《しろさきけ》の
シラスンです。
友《とも》だちになってね）
あら、わんちゃん
かい始《はじ》めたの？
かわいいわね。
はい♡

“Windows《ウインドウズ》”って何《なん》なんだろう？

何《なに》してるの？
メモリ？
CPU《シーピーユー》？
ストレージ？
パソコンを買《か》い替《か》えようと思《おも》って、どれがいいか選《えら》んでいるんです。
PC
オレ、黒《くろ》いのがかっこいいと思《おも》うぜ！
アタシはむらさきのがいいー。
色《いろ》でなやんでるわけじゃないのよ。
スペックを比《くら》べていいものを選《えら》ばないと。金額《きんがく》も大事《だいじ》ですし。
いいパソコンってどんなの？
じゃあ悪《わる》いのもあるの？
スペックって何《なに》？
この場合《ばあい》のスペックとは、
お教《おし》えしましょう
仕様《しよう》や性能《せいのう》のことです。説明《せつめい》はおまかせあーれ!!

コンピューターのしくみ

　コンピューターは、決《き》められた手順《てじゅん》にしたがって自動的《じどうてき》に「計算《けいさん》」し、「記憶《きおく》」できる機械《きかい》のことをいうよ。スマホもパソコンも、ゲーム機《き》もコンピューターだね。

　基本的《きほんてき》には、「計算《けいさん》」するところと「記憶《きおく》」するところのほかに、指《し》示《じ》を与《あた》えるための「入力《にゅうりょく》」装置《そうち》や、計算《けいさん》した結果《けっか》を見《み》るための「出力《しゅつりょく》」装置《そうち》を加《くわ》えたものをハードウェアというよ。そして、これらを動《うご》かすためには、ソフトウェアとよばれる「OS《オーエス》」やさまざまな「アプリケーションソフト」が必要《ひつよう》になるんだ。

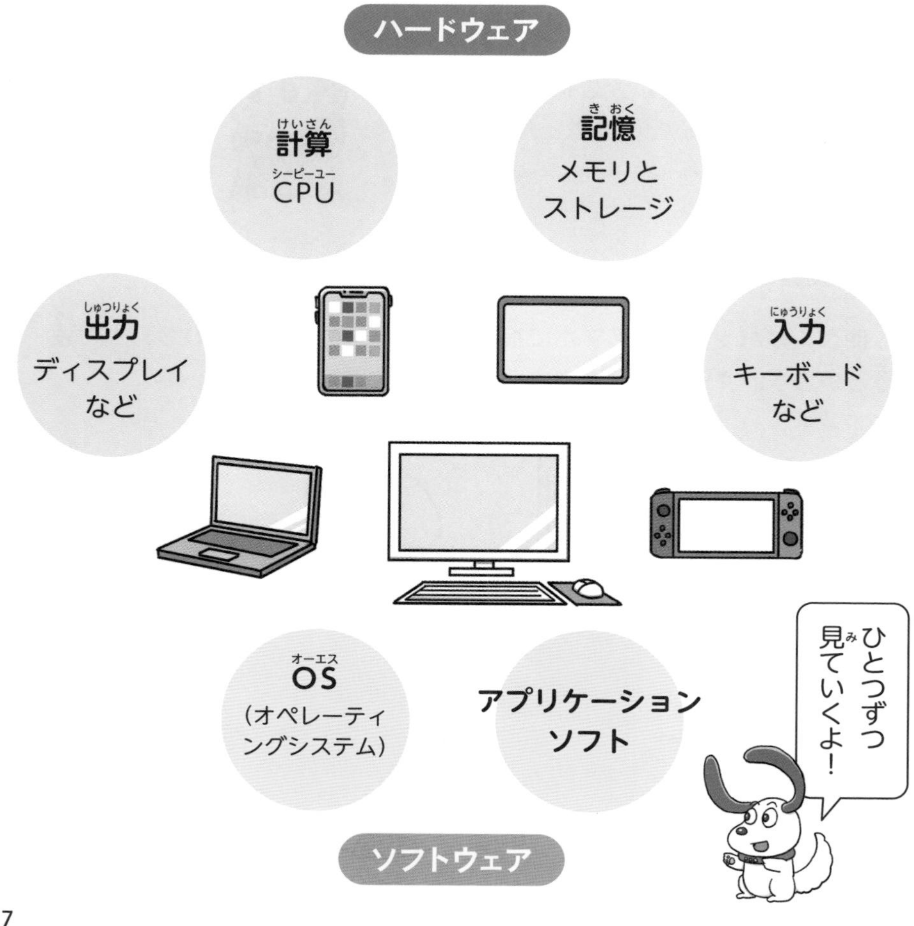

ハードウェアとは

CPU《シーピーユー》

CPU《シーピーユー》は、人間《にんげん》でいえば“脳《のう》みそ”に当《あ》たる大事《だいじ》な部分《ぶぶん》。計算《けいさん》したり、コンピューター全体《ぜんたい》がうまく動《うご》くように調整《ちょうせい》したりするところなんだ。

CPU《シーピーユー》の性能《せいのう》がいいパソコンやスマホを選《えら》ぶと、一度《いちど》に計算《けいさん》できる量《りょう》がふえるから、動作《どうさ》が速《はや》くなるんだよ。

CPU《シーピーユー》の単位《たんい》はHz（ヘルツ）

1秒間《びょうかん》にどれだけ計算《けいさん》できるかを表《あらわ》しているんだ。たとえば、2GHz《ギガヘルツ》と3GHz《ギガヘルツ》なら、数字が大きい3GHz《ギガヘルツ》のほうが能力《のうりょく》が高《たか》いということだよ。

入力装置《にゅうりょくそうち》

使《つか》う人《ひと》がパソコンやスマホに指示《しじ》を伝《つた》えるために使《つか》うものを、入力装《にゅうりょくそう》置《ち》というよ。キーボードやマウス、マイクなどを指《さ》すよ。

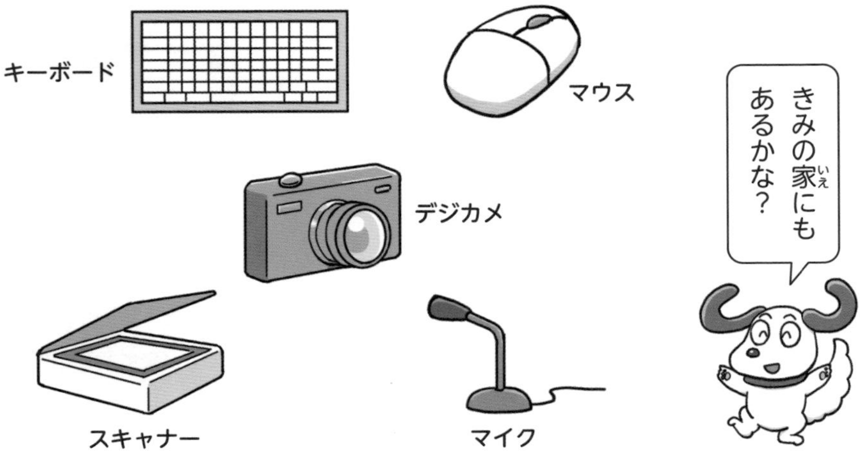

メモリとストレージ

メモリとストレージは、人間《にんげん》でいえば脳《のう》の中《なか》で記憶《きおく》に関《かか》わる部分《ぶぶん》に当《あ》たるもの。

メモリは、パソコンやスマホの使用中《しようちゅう》だけデータを記憶《きおく》するところで、電源《でんげん》を切《き》るとデータは消《き》えてしまう。

一方《いっぽう》、ストレージは長期《ちょうき》の記憶《きおく》ができる。メモリとちがって、電源《でんげん》を切《き》ってもデータが消《き》えないで残《のこ》っているんだ。

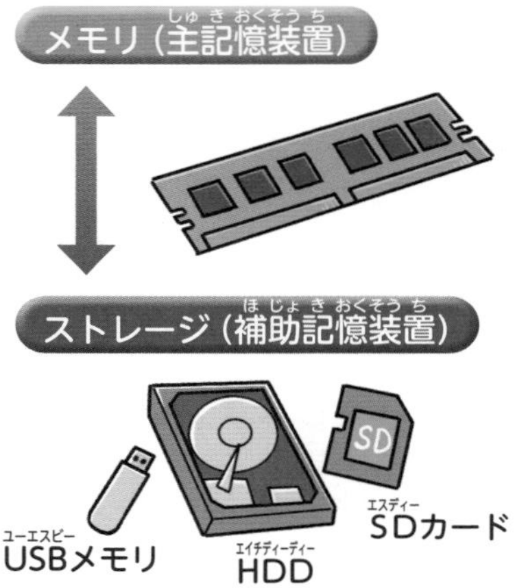

データ量《りょう》の単位《たんい》はB（バイト）

メモリやストレージにどれだけ記憶《きおく》できるかを表《あらわ》しているよ。
1B《バイト》は、半角英数文字《はんかくえいすうもじ》1個分《こぶん》を記憶《きおく》できる大《おお》きさで、1TB《テラバイト》は、文庫本《ぶんこぼん》を（1冊《さつ》100MB《メガバイト》として）約《やく》1万冊分《まんさつぶん》を記憶《きおく》できる大《おお》きさなんだ。

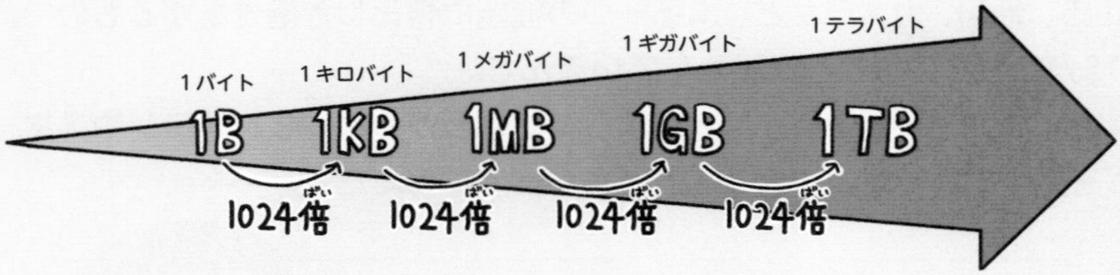

※1000倍《ばい》とする場合《ばあい》もあります。

出力装置《しゅつりょくそうち》

パソコンが計算《けいさん》した結果《けっか》を人間《にんげん》が知《し》るためには、出力装置《しゅつりょくそうち》が必要《ひつよう》だよ。ディスプレイや、プリンター、スピーカーなどだね。

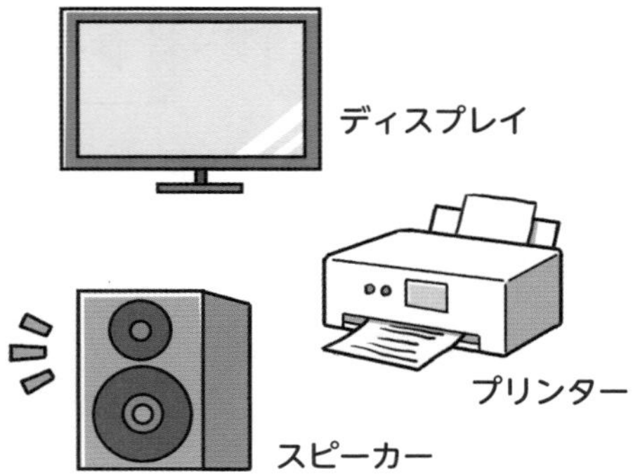

ソフトウェアとは

ソフトウェアは、ハードウェアに対《たい》して命令《めいれい》を出《だ》すプログラムのこと。ソフトウェアはアップデートをして、常《つね》に機能《きのう》を最新《さいしん》の状態《じょうたい》にしておこう。ソフトウェアの不具合《ふぐあい》が修正《しゅうせい》されたり、ウイルスに感染《かんせん》しにくくなったりするよ。

OS《オーエス》（オペレーティングシステム）

OS《オーエス》とは、パソコンやスマホに必《かなら》ず入《はい》っている基本的《きほんてき》なソフトウェアのこと。人間《にんげん》の操作《そうさ》、ハードウェア、各《かく》アプリケーションソフトなどの動《うご》きをまとめてコンピューターがきちんと動《うご》くようにするのがOS《オーエス》の役《やく》目《め》なんだ。

アプリケーションソフト

みんながアプリといっているものだよ。メール、音楽《おんがく》、動画《どうが》、ゲーム、SNS《エスエヌエス》、地図《ちず》、カメラなど、ある一《ひと》つの機能《きのう》に特化《とっか》した働《はたら》きをするもので、OS《オーエス》がこれらのアプリを動《うご》かしているんだ。

どんなアプリを使《つか》うかは人《ひと》によってちがうから、同《おな》じパソコンやスマホを持《も》っていても、できることがちがってくるんだよ。

アプリ

使《つか》っているスマホやパソコンのOS《オーエス》に対応《たいおう》したアプリを使《つか》う必要《ひつよう》がある。

メール　音楽《おんがく》　動画《どうが》　SNS《エスエヌエス》　地図《ちず》　ゲーム

主《おも》なスマホOS《オーエス》

Android《アンドロイド》（グーグル社《しゃ》）

iOS《アイオーエス》（アップル社《しゃ》）

OS《オーエス》

主《おも》なパソコンOS《オーエス》

Windows《ウィンドウズ》（マイクロソフト社《しゃ》）

mac《マック》OS《オーエス》（アップル社《しゃ》）

へえ、全然《ぜんぜん》知《し》らなかったよ。
ハードウェアにソフトウェアかあ。
ウィンドウズって、ソフトウェアの名前《なまえ》だったんだね。
私《わたし》もCPU《シーピーユー》とかメモリとか、ちゃんとわかっていなかったわ。
わかっていたら便利《べんり》ですよ!!
あとは、予算《よさん》と相談《そうだん》ですね。
ママさん、よろしくです!!
そうね…
いろいろ覚《おぼ》えたらおなかすいちゃった。
おやつ！おやつ！
いいパソコンを買《か》うために、パパのおこづかいをへらそうかしら…。
オレアイス食《た》べたい
あたしケーキがいいなあ

きみは、インターネットのしくみがわかったかな？

コラム 4 ちこくすると会《あ》えなくなる!?

駅《えき》に設置《せっち》されていた「伝言板《でんごんばん》」

携帯電話《けいたいでんわ》がなかったころは、外出中《がいしゅつちゅう》に直接《ちょくせつ》だれかと連絡《れんらく》を取《と》るのはほとんどできなかったんだ。じゃあ、待《ま》ち合《あ》わせのときはどうしていたと思《おも》う？　「ちこくしそう」とか「場所《ばしょ》が分《わ》からなくて迷《まよ》ってる」とか…。

連絡《れんらく》できなかったらこまる！　そんなとき使《つか》われていたのが駅《えき》の「伝言板《でんごんばん》」。小《ちい》さな黒板《こくばん》が駅《えき》に置《お》かれていて、そこにだれでもメッセージを書《か》くことができたんだよ。

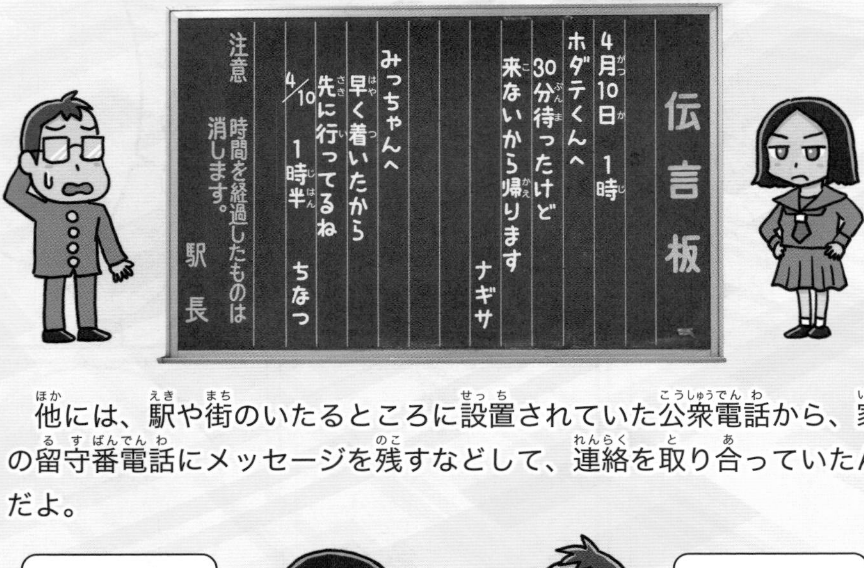
伝言板
4月《がつ》10日《か》　1時《じ》
ホダテくんへ
30分《ぷん》待《ま》ったけど
来《こ》ないから帰《かえ》ります
ナギサ
みっちゃんへ
早《はや》く着《つ》いたから
先《さき》に行《い》ってるね
4/10　1時《じ》半《はん》
ちなつ
注意
時間を経過したものは
消します。
駅長

他《ほか》には、駅《えき》や街《まち》のいたるところに設置《せっち》されていた公衆電話《こうしゅうでんわ》から、家《いえ》の留守番電話《るすばんでんわ》にメッセージを残《のこ》すなどして、連絡《れんらく》を取《と》り合《あ》っていたんだよ。

伝言板《でんごんばん》に名前《なまえ》を書《か》くなんて、個人情報《こじんじょうほう》がダダもれでしたね…。
今《いま》から考《かんが》えると…、なかなかスリリングな方法《ほうほう》よね。

予想《よそう》もしなかった危険《きけん》、
犯罪《はんざい》や事故《じこ》も
発生《はっせい》しているんです…。
ぞ〜〜

PART 5

インターネット
おなやみ相《そう》談《だん》室《しつ》

アタシはいつも
すぐに返事《へんじ》
してるのに!!
どうしてすぐに返事《へんじ》を
してくれないの!?

ネットおなやみ相談室《そうだんしつ》 ①

友《とも》だちがネットいじめにあっているみたいなんです

相談者《そうだんしゃ》：サンゴくん

ちょっと聞《き》いて。こんなことがあったんだけど…。
リョウ、元気《げんき》ないね。
実《じつ》はさ…これ見《み》てよ。
サッカーチームホエールズ (12)
リョウって、ほんとバカだよなー
どっかいっちゃてほしいw
これからシカトしよーぜ
なんだよ、これ!!
グループトークで、ずっと悪口《わるくち》言《い》われてるんだ…。
こんなとき、オレどうすればよかったのかな。
う～ん それはつらいね…

友《とも》だちがいじめられていたら、信頼《しんらい》できる大人《おとな》に相談《そうだん》してください!!
パパ
ママ
先生《せんせい》
でももし、
気《き》のせいじゃない?
リョウも悪《わる》かったんでしょ?
って、すぐに対応《たいおう》してくれなかったら、別《べつ》の人《ひと》に相談《そうだん》して。
話《はな》せる人《ひと》がいなかったら、155ページで紹介《しょうかい》している窓口《まどぐち》に相談《そうだん》してみよう。
もしもし
10才《さい》 インターネット
そして、友《とも》だちに「自分《じぶん》は味方《みかた》だよ」というサインを出《だ》そう。
ぼくは味《み》方《かた》だよ
リョウはひとりじゃないぜ!
よし
おい、何《なに》があってもオレはお前《まえ》の味方《みかた》だぞ!
ナイス!

知《し》らんぷりをしないで、大人《おとな》に相談《そうだん》しよう。
友《とも》だちには「味方《みかた》サイン」を出《だ》そう。

自分《じぶん》がネットいじめにあったら どうすればいいですか?

相談者《そうだんしゃ》：パールちゃん

アタシ、ちょっと前《まえ》にいじめられてたんだ。
クスクス
?
?
?
わらわれてるの?
アタシの知《し》らないところでアタシの悪口《わるくち》が書《か》かれていたんだって。
相談《そうだん》してくれればよかったのに。
そのときは言《い》えなかったよ。ガマンしちゃった…。
そっか…。気《き》づかなくてごめんな。
ネットのいじめは、スマホなどの画面《がめん》の中《なか》で起《お》きてしまうから、周《まわ》りの人《ひと》が気《き》づきにくいんです。

もしも、いじめにあったら
こうしてみてほしい。
勇気《ゆうき》を出《だ》して、信頼《しんらい》できるだれかに相談《そうだん》する。
どうしよう〜
いじめてくる人《ひと》からはなれる。
ネットからはなれて見《み》ないようにする。
たいしたことじゃないと思《おも》ってガマンしないで。
自分《じぶん》が悪《わる》いんだなんて思《おも》わないで。
そして、53ページの方法《ほうほう》で証拠《しょうこ》を残《のこ》しておこう。
ネットは見《み》ない！
いじめはいじめる側《がわ》の問題《もんだい》だよ。
だから自分《じぶん》を責《せ》めないでね。

ひとりでなやまないで、まずは、だれかに相談《そうだん》してほしいな。
勇気《ゆうき》を出《だ》して。155ページの相談先《そうだんさき》も見《み》てみてね。

ネットおなやみ相談室《そうだんしつ》 3

ネットに悪口《わるくち》を書《か》いちゃったことがあります…

相談者《そうだんしゃ》：サヨリちゃん

実《じつ》は、わたしも友《とも》だちの悪口《わるくち》を書《か》いちゃったことがあるんだ。
すっごい後悔《こうかい》して、書《か》いたあとにすぐ消《け》したんだけど…。
18：32
親友《しんゆう》なのに…バカ！
もう大《だい》キライ！
絶交《ぜっこう》！
どうして、あんなこと書《か》いちゃったんだろうって思《おも》ったよ。
書《か》きこむのはよくないけど、悪口《わるくち》を言《い》いたくなるような気持《きも》ちはだれにでもありますよ。
えっ、そうなの？
ボクにだってありますよ…。
ゴハンあげるの、わすれてた!!
サンゴさんのバカバカバカ…。
あれはおこって当然《とうぜん》です!!

悪口《わるくち》を書《か》きこみそうになったら、とりあえず
ポーイ
や〜ん
スマホ
ネットからはなれる!!
そういう気分《きぶん》のときは、思《おも》い通《どお》りにならなくてイライラしていることが多《おお》いから、まずは気持《きも》ちを落《お》ち着《つ》けましょう。
そうすれば、勢《いきお》いで書《か》きこんで後悔《こうかい》することもありませんよ。
そういえば、あのとき、パールにイライラしてたんだった。
ちこくしてゴメン!!
自分《じぶん》がその悪口《わるくち》を言《い》われたら、どんな気持《きも》ちになるかを考《かんが》えてみてね。
パールさんのことでしたか…
はい!
他人《たにん》を思《おも》いやる気持《きも》ちをわすれないでほしいな。

他人《たにん》に腹《はら》が立《た》つときは、ネットからはなれて気持《きも》ちを落《お》ち着《つ》けよう。
他人《たにん》を思《おも》いやったり、尊重《そんちょう》したりする気持《きも》ちをわすれないでね。

メッセージの返事《へんじ》は すぐにほしいんです

相談者《そうだんしゃ》：パールちゃん

いとこのナミちゃんとのお出《で》かけ、楽《たの》しみだなあ。
ナミちゃん
明日《あした》の水族館《すいぞくかん》、楽《たの》しみだね
メッセージを送《おく》っておこう♪
5分後《ふんご》
まだ返事《へんじ》来《こ》ないな
10分後《ぷんご》
あ、読《よ》んでくれた!
既読《きどく》
明日《あした》の水族館《すいぞくかん》、楽《たの》しみだね
15分後《ふんご》
何《なん》ですぐに返事《へんじ》くれないの…
アタシはいつもすぐに返事《へんじ》してるのに!!
どうしてすぐに返事《へんじ》をしてくれないの!?
返事《へんじ》のタイミングも人《ひと》それぞれです。みんなが同《おな》じ考《かんが》え方《かた》をするわけではないんだよ。
えーっ、でも…。

わたしは、気《き》づいたらすぐに返事《へんじ》をするよ。
オレ、返事《へんじ》したつもりになってわすれちゃう！
宿題《しゅくだい》をした後《あと》しかスマホを使《つか》わせてもらえないんだ。返事《へんじ》がなかなかできなくて…。
ね、みんなちがうでしょ？
そっかあ
それぞれ理由《りゆう》があるから、自分《じぶん》の都合《つごう》に合《あ》わせてできるときに返事《へんじ》をすればいいんだよ。
でもね、文字《もじ》だけのやりとりは直接話《ちょくせつはな》すよりむずかしい（⬇42ページ）って、覚《おぼ》えてる？
うん。
メッセージの返信《へんしん》はわかりやすくしよう。こんな一言《ひとこと》をつけてみるのもいいよ。
●すぐに返事《へんじ》がほしいなら
➡○○までに返事《へんじ》ちょうだい
●返事《へんじ》がおそくなるなら
➡後《あと》で返事《へんじ》するね
●返事《へんじ》がおそくなってしまったら
➡おそくなってごめんね

返事《へんじ》のタイミングは、人《ひと》それぞれ！
急《いそ》ぎの用事《ようじ》なら電話《でんわ》で聞《き》いたほうがいいかもね。

ネットおなやみ相談室《そうだんしつ》 5

SNS《エスエヌエス》を使《つか》いたいけど、炎上《えんじょう》したらこわい！

相談者《そうだんしゃ》：リョウくん

うちの兄《にい》ちゃんの投稿《とうこう》が炎上《えんじょう》しちゃったんだよ。
でた、炎上《えんじょう》!! こわっ〜〜
みんな、笑《わら》ってくれると思《おも》ったんだって。
9465 5万 15
バッカだなあ。
目《め》立《だ》ちたがり屋《や》！
SNS《エスエヌエス》を使《つか》いたいけど、炎上《えんじょう》したらこわい!!
なっ、シラスン!! お前《まえ》だってみんなに見《み》せたいよな？
ボク？…
はいはい、おまかせあれ〜。
ワンワン
まず、「友《とも》だち限定公開《げんていこうかい》」にしても炎上《えんじょう》する可能性《かのうせい》があることは知《し》っておいてくださいね。

炎上《えんじょう》しやすいのは、こんな投稿《とうこう》ですよ。
悪《わる》ふざけ
コーラルル
自転車全部《じてんしゃぜんぶ》倒《たお》してやったぜ〜
ウソやデマ
パールンルン
アイドルのサーヤがファミレスで食《く》い逃《に》げしてたぞ！
わん!!
悪口《わるくち》や暴力的《ぼうりょくてき》な言葉《ことば》
白魚丸《しらうおまる》
アイツが出《で》てるテレビ、見《み》るだけでムカつくわ
これって、ネットに投稿《とうこう》しちゃいけないやつばっかりだ！
そう、ネット上《じょう》でも現実《げんじつ》でも、したり言《い》ったりしてはいけないことだよ。
ダメ!!
もし炎上《えんじょう》してしまったら、53ページの方法《ほうほう》で対応《たいおう》してください。
そして、二度《にど》とだれかを傷《きず》つけたりこまらせたりするようなことはしないでね。
シラスシってかしこいな。本当《ほんとう》に犬《いぬ》か？

ウソやデマ、悪《わる》ふざけ、悪口《わるくち》などだれかを傷《きず》つける内容《ないよう》は炎上《えんじょう》しやすい。絶対《ぜったい》に投稿《とうこう》してはいけないよ！

ネットおなやみ相談室《そうだんしつ》 6

自分専用《じぶんせんよう》のスマホがほしいです

相談者《そうだんしゃ》：パールちゃん

サヨリちゃんは、自分専用《じぶんせんよう》のスマホを持《も》ってるんだよ。
そうなんだ～
パールには家族用《かぞくよう》のタブレットもスマホも使《つか》わせてあげてるでしょ。
そうじゃなくて！アタシ専用《せんよう》のスマホがほしいな～って思《おも》ったりして？
ダメダメ、今《いま》でもだらだらネットばっかり見《み》てるのに、自分用《じぶんよう》なんてもったらどうなることやら…。
専用《せんよう》にして、ワタシやなぎささんの知《し》らないところでトラブルを起《お》こさないかも心配《しんぱい》ですし。
ブー
ダメだって、シラスン。
いたいです
ブン
ブン
ブン
プレゼンしてみたらどうですか？
ぷれぜん？？

プレゼン(プレゼンテーション)とは、計画《けいかく》や見積《みつ》もりを会議《かいぎ》などで説明《せつめい》することだよ。使《つか》いすぎやトラブルを心配《しんぱい》されているんだから…
そうならないことをプレゼンしてアピールすればいいんです!!
たとえば、こんな感《かん》じです!!
使《つか》う場所《ばしょ》や時間《じかん》
●使《つか》う場所《ばしょ》はリビングのみ
●スマホを使《つか》っていいのは1時間《じかん》
●夜《よる》8時《じ》まで
こんな使《つか》い方はしない
●勝手《かって》にダウンロードや課金《かきん》をしない
●知《し》らない人《ひと》とやりとりしたり、会《あ》ったりしない
●学校《がっこう》へ持《も》っていかない
●一人《ひとり》のときに使《つか》わない
必《かなら》ず
守《まも》ります!!
やってみるよ!!
わかった!
ぐっ
もし、家《いえ》の人《ひと》がOK《オッケー》してくれたら、約束《やくそく》したことは必《かなら》ず守《まも》ろうね!!

家《いえ》の人《ひと》とじっくり話《はな》し合《あ》ってみよう。
専用《せんよう》のスマホを使《つか》うルールを考《かんが》えて、決《き》めたことはきちんと守《まも》ろう。

ネットおなやみ相談室《そうだんしつ》 7

ゲームがなかなかやめられません

相談者《そうだんしゃ》：サンゴくん

オンラインゲーム、チャットで会話《かいわ》もできるし、始《はじ》めると楽《たの》しくてやめられないよ。
ピコ
ピコピコ

でも、いつまでゲームしてるの!!
っておこられるんだよなあ。
ゲームしながら言《い》われても……
「ちょっとだけ」って思《おも》ってても、あっという間《ま》に時間《じかん》がすぎるし…。
もう6時《じ》!?

そのなやみは、ネットあるあるだね。ゲームは〝時間《じかん》どろぼう〟でもあるからね。こんなルールを作《つく》ってためしてみよう。

ルール 1

1日《にち》にゲームに使《つか》う時間《じかん》を決《き》める

（➡くわしくは101ページへ）

ルール❷
ゲームは、しなければいけないことを終《お》わらせた後《あと》のごほうびにする
宿題《しゅくだい》が終《お》わったら30分《ぷん》ゲームしてもいい、お手《て》伝《つだ》いの後《あと》に動画《どうが》を20分《ぷん》見《み》てもいいとか。
ルール❸
スマホやタブレットは、ふだん手《て》が届《とど》かないところに置《お》いておく
スマホ
もしくは、家《いえ》の人《ひと》にあずけてしまおう。
ルール❹
ルールを守《まも》れなかったときのバツを考《かんが》える
たとえば、一週間《いっしゅうかん》スマホ禁止《きんし》!!
え〜〜
キビシ〜〜!!
きびしいですって!?
今《いま》のゲームはオートセーブ機能《きのう》で、いつでもやめられるじゃないですか!!
ワタシが子《こ》どものころは、そんな機能《きのう》はなくて、よく電源《でんげん》を切《き》られて…泣《な》いていましたよ!!
あ
ガン
全《ぜん》部《ぶ》パァです
パパかわいそう…

ゲームに限《かぎ》らず、ネットを使《つか》うときのルールも作《つく》ってみよう。

ゲーム実況《じっきょう》って、著作権違反《ちょさくけんいはん》なんですか？

相談者《そうだんしゃ》：サヨリちゃん

そのゲーム、ゲーム実況《じっきょう》の動画《どうが》で見《み》たことあるよ。
ピコピコ
サヨリちゃんがゲーム実況《じっきょう》を好《す》きなんて知《し》らなかったな。
モチモ
カート
えへへ。
ゲームをするのも、実況動画《じっきょうどうが》を見《み》るのも大好《だいす》き!!
実況《じっきょう》で遊《あそ》び方《かた》を覚《おぼ》えられるし、実況《じっきょう》の人《ひと》のおしゃべりもおもしろいんだよね。
あれ？ゲーム画面《がめん》ってネットに投稿《とうこう》してもいいのかなあ？
ゲームにも著作権《ちょさくけん》があるよねえ？
ええっ、もしかして著作権違反《ちょさくけんいはん》の動画《どうが》を見《み》ていたの、わたし!?
はいはい、ボクにおまかせあーれ!!
ワワン!

ゲームは著作権《ちょさくけん》で守《まも》られる会社《かいしゃ》や個人《こじん》の著作物《ちょさくぶつ》（⬇74ページ）だよ。
著作物《ちょさくぶつ》
ゲーム
ワン！
だから、勝手《かって》にネットに投稿《とうこう》してはいけないんです。
でもあるとき、ゲーム会社《がいしゃ》は
ワン！！
「実況動画《じっきょうどうが》はゲームの宣伝《せんでん》になる」と考《かんが》えたんだよね。
実況動画《じっきょうどうが》を見《み》て、ゲームをやってみたいという人《ひと》がいれば売《う》り上《あ》げがふえるからね。そこで…
YOUTUBE
おもしろそう
買《か》ってプレイ
ゲーム会社《がいしゃ》
「ルールを守《まも》ってくれるなら、ネット投稿OK《とうこうオッケー》です」という会社《かいしゃ》が出《で》てきたんだ。任天堂《にんてんどう》などがそうだよ。つまり、実際《じっさい》には著作権違反《ちょさくけんいはん》だけど、「ゲーム会社《がいしゃ》が例外《れいがい》としてゲーム実況《じっきょう》を認《みと》めている場合《ばあい》がある」ということなんだ。
もし、自分《じぶん》で実況動画《じっきょうどうが》を作《つく》るなら、各《かく》ゲーム会社《がいしゃ》のルールを確認《かくにん》してからにしようね。
はーい

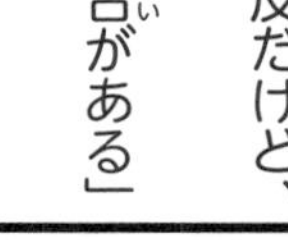

ゲームは著作権《ちょさくけん》で守《まも》られる著作物《ちょさくぶつ》。実況動画《じっきょうどうが》の投稿《とうこう》は、著作権違反《ちょさくけんいはん》だけど、ゲーム会社《がいしゃ》に認《みと》められている場合《ばあい》が多《おお》いよ。

ネットおなやみ相談室《そうだんしつ》 9

知《し》りたいことを上手《じょうず》に調《しら》べられません

相談者《そうだんしゃ》：リョウくん

うーーん
さつまいも
うーーん
う〜〜ん
リョウさん、どうしましたか？
「さつまいもを食《た》べるとおならが出《で》るのは何《なん》でかな」って検索《けんさく》してみたんだけど、
検索結果《けんさくけっか》の数《かず》が多《おお》すぎて、
知《し》りたい答《こた》えが見《み》つからないんだ!!
さつまいも
ズラッ
わんわん、ボクにおまかせあーれ!!

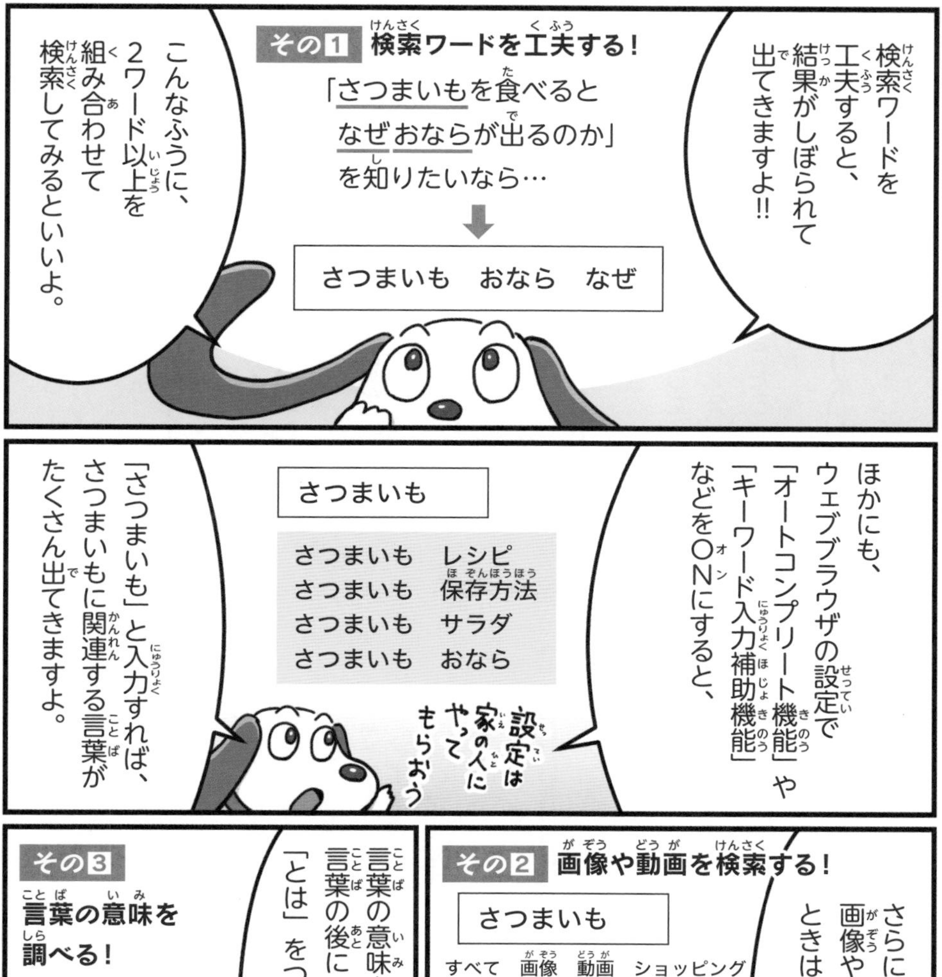
検索《けんさく》ワードを工夫《くふう》すると、結果《けっか》がしぼられて出《で》てきますよ!!
その1 検索《けんさく》ワードを工夫《くふう》する!
「さつまいもを食《た》べると なぜおならが出《で》るのか」を知《し》りたいなら…
さつまいも　おなら　なぜ
こんなふうに、2ワード以上《いじょう》を組《く》み合《あ》わせて検索《けんさく》してみるといいよ。
ほかにも、ウェブブラウザの設定《せってい》で「オートコンプリート機能《きのう》」や「キーワード入力補助機能《にゅうりょくほじょきのう》」などをON《オン》にすると、
さつまいも
さつまいも　レシピ
さつまいも　保存方法《ほぞんほうほう》
さつまいも　サラダ
さつまいも　おなら
設定《せってい》は家《いえ》の人《ひと》にやってもらおう
「さつまいも」と入力《にゅうりょく》すれば、さつまいもに関連《かんれん》する言葉《ことば》がたくさん出《で》てきますよ。
その2 画像《がぞう》や動画《どうが》を検索《けんさく》する!
さらに!! 画像《がぞう》や動画《どうが》を検索《けんさく》したいときは、これが便利《べんり》だよ。
さつまいも
すべて　画像《がぞう》　動画《どうが》　ショッピング
写真《しゃしん》やイラストだけ表示《ひょうじ》される
YouTube《ユーチューブ》などの動画《どうが》だけ表示《ひょうじ》される
言葉《ことば》の意味《いみ》を知《し》りたいときは、言葉《ことば》の後《あと》に「とは」をつけて検索《けんさく》してみてね。
その3 言葉《ことば》の意味《いみ》を調《しら》べる!
さつまいもとは

方法《ほうほう》 その1 2語以上《ごいじょう》の言葉《ことば》を組《く》み合《あ》わせて、検索結果《けんさくけっか》をしぼる!

方法《ほうほう》 その2 画像《がぞう》や動画限定《どうがげんてい》で調《しら》べる!

方法《ほうほう》 その3 検索《けんさく》ワード+「とは」で言葉《ことば》の意味《いみ》を調《しら》べる!

“クラウド”って何《なん》のことですか？

相談者《そうだんしゃ》：サンゴくん

また ゲームオーバーに なった!!
モう!!
バンッ
投《な》げるなよ!! そんなことしたら こわれてデータが 消《き》えちゃうだろっ!!
オンラインゲームの データは、 タブレットの中《なか》には ないですよ？
でも タブレットが こわれてしまうので なげないで くださいね
えっ？
クラウド ってやつです!!
くらうど？ 何《なに》それ!?
食《く》らう？
クラウドって いうのは、 データをたくさん 保存《ほぞん》できて…
それはつまり…
その…
えっと…
あれ？
パパ？
パパさん、 ボクに おまかせあーれ!!

クラウドは、「クラウドコンピューティング」の略《りゃく》で、ネット上《じょう》にデータを保存《ほぞん》できるサービスのことです。
クラウド
データ
タブレット
パソコン
スマホ
ゲームのデータ以外《いがい》にも、写真《しゃしん》や動画《どうが》、音楽《おんがく》、仕事《しごと》のファイルなど、何《なん》でも保存《ほぞん》できるよ。
さらにクラウドには、どんな端末《たんまつ》からもアクセスできるんだよ。
たとえば…
家《いえ》で作《つく》ったデータをクラウドに保存《ほぞん》。次《つぎ》の日《ひ》、会社《しゃ》のパソコンからクラウドにアクセスして使《つか》う。
スマホでとった写真《しゃしん》をクラウドに保存《ほぞん》すると、タブレットでも見《み》られる。
クラウドって、英語《えいご》で「雲《くも》」っていう意味《いみ》じゃなかった？
そうそう。インターネットを雲《くも》の絵《え》で表《あらわ》すことが多《おお》かったから、
そう呼《よ》ばれるようになったんだって。

クラウドは、ネット上《じょう》に保存《ほぞん》したデータなどを、そのつど、取《と》り出《だ》して使《つか》えるサービスのことだよ。

ネットおなやみ相談室《そうだんしつ》 11

“プライバシーポリシー”って何《なん》のことですか？

相談者《そうだんしゃ》：パールちゃん

ママ、このアプリ入《い》れてもいい？
公式《こうしき》サイト、無料《むりょう》、よし!!
うん、いいわよ。
ダウンロード、完了《かんりょう》!!
さあ、始《はじ》めようっと♪
ンウォーク
はじめに
利用規約《りようきやく》とプライバシーポリシーに同意《どうい》しますか？
利用規約《りようきやく》
プライバシーポリシー
同意《どうい》しない
同意《どうい》する
なんだろ、これ？
早《はや》く遊《あそ》びたいし、
同意《どうい》する
こっちをおしちゃおう～。
ストップ!!
パシッ
パールさん、プライバシーポリシーを読《よ》んでください～!!

ぷらいばしい、ぽりぽり？
プライバシーポリシーです。アプリを使《つか》う場合《ばあい》は、**アプリの提供側《ていきょうがわ》が「利用者《りようしゃ》の個人情報《こじんじょうほう》」を「こんな目的《もくてき》」で取得《しゅとく》しますよ**ということが書《か》かれたものなんです。
取得《しゅとく》する情報《じょうほう》は、利用者《りようしゃ》のID《アイディー》や連絡先《れんらくさき》、位置情報《いちじょうほう》（GPS《ジーピーエス》）などがあるよ。
ゲームやアプリによってちがうから、そのつどよく確認《かくにん》することが大事《だいじ》です。
ポリポリじゃないよ…
たとえば、外《そと》でモンスターを集《あつ》めるようなゲームだと、利用者《りようしゃ》の位置情報《いちじょうほう》をゲーム会社《がいしゃ》が知《し》っておく必要《ひつよう》があるでしょ？
個人情報《こじんじょうほう》はとっても大切《たいせつ》なもの（➡38ページ）だから、同意《どうい》する前《まえ》にどんな情報《じょうほう》が相手《あいて》に取得《しゅとく》されるのか、そのページをちゃんと読《よ》んで知《し》っておこうね。

プライバシーポリシーは、個人情報《こじんじょうほう》の取《と》りあつかいについて定《さだ》めたものだよ。同意《どうい》をする前《まえ》に必《かなら》ずチェックしよう。

利用規約《りようきやく》も読《よ》もう！

ネットおなやみ相談室《そうだんしつ》 12

結局《けっきょく》、インターネットってこわいものなんですよね？

相談者《そうだんしゃ》：サンゴくん

ウイルス炎上《えんじょう》 詐欺《さぎ》メール！ インターネット、デンジャラス♪♪
イエー
何《なに》それ…変《へん》な歌《うた》!!
ズン
ズン
インターネットの危険性《きけんせい》を伝《つた》える歌《うた》を作《つく》ってみたんだぜえ♪
イエー
シラスンまで…
もしかして、ネットを使《つか》うのがこわくなっちゃったの？
気《き》をつけることがいっぱいあるんだもん。
確《たし》かにネットの世界《せかい》は危険《きけん》に満《み》ちています…。
でも、おふたりとも、危険《きけん》があることを理解《りかい》して、ネットのルールを少《すこ》しずつ覚《おぼ》えてきましたよね!! これを、IT《アイティー》リテラシーといいます。
きっとこれからは、楽《たの》しくスイスイ使《つか》いこなせるようになるので大丈夫《だいじょうぶ》です!!

ただ、インターネットは、新《あたら》しい技術《ぎじゅつ》やサービスが次《つぎ》から次《つぎ》へと生《う》まれて、日々《ひび》変化《へんか》しています。大人《おとな》も変化《へんか》についていけないことがたくさんあるんだよ。
ボクのいた未来《みらい》とはちがうこともたくさんあるし…。
予想《よそう》もしなかった危険《きけん》、犯罪《はんざい》や事故《じこ》も発生《はっせい》しているんです…。
ぞ～～
だから、日々《ひび》、自分自身《じぶんじしん》をアップデートして、新《あたら》しい知識《ちしき》を手《て》に入《い》れてください。
わからないことについては、よく調《しら》べて自分《じぶん》で考《かんが》えるクセをつけてほしいな。
はーい

さまざまな危険《きけん》もあることを知《し》ったうえで、インターネットの世界《せかい》を楽《たの》しんで！

きみは、インターネットの世界《せかい》を楽《たの》しめそうかな？

ピンポーン
あっ、ネットで注文《ちゅうもん》した商品《しょうひん》が届《とど》いたかな？
ガチャ
はい…あら、どちらさまでしょうか？
ハッ
このにおいは!?
シャイーン!!
ぱっ
会《あ》いたかった♡
ぽかーん
私《わたし》、シャインといいます。シラスンの家族《かぞく》です。
SOS《エスオーエス》信号《しんごう》を受《う》けて、未来《みらい》からむかえに来《き》ました。

ボク、友《とも》だちがたくさんできたんだよ!! パールさんとサンゴさんは双子《ふたご》なの。ママさんとパパさんも…。
ソフトクリームみたい
未来人《みらいじん》…
大変《たいへん》お世話《せわ》になりました。
みなさんがSOS《エスオーエス》信号《しんごう》を出《だ》してくれたおかげです。
未来人《みらいじん》が現代人《げんだいじん》に何《なに》かを伝《つた》え、それが本当《ほんとう》に役《やく》に立《た》ったときにSOS《エスオーエス》信号《しんごう》のパワーがふえるしくみになっているんです。
おかげでオレ、ネットのことたくさん覚《おぼ》えられたぜ!!
アタシも!!
ボクも、い〜っぱい伝《つた》えたよ。未来《みらい》の言《い》っちゃいけない情報《じょうほう》以外《いがい》は!!
さすがね!
サンゴさんもパールさんもたくさん学《まな》ばれたんですね。シラスンもがんばったね。

あ、そうだ!! シラスンを助《たす》けてくれたお礼《れい》に、
少《すこ》しだけ、タイムマシンで時間旅行《じかんりょこう》にお連《つ》れします。
さあ、しゅっぱーつ!!
中世《ちゅうせい》ヨーロッパ
ジュラ紀《き》
戦国時代《せんごくじだい》
すげー楽《たの》しかったぜ!!
じゃあ、ボクたちはそろそろ帰《かえ》るね…。
かなしいけど…

シラスン、シャイン!! 元気《げんき》でね!!
お元気《げんき》でー
今《いま》まで、ありがとう!!
数日後《すうじつご》
ママ、近所《きんじょ》で子犬《こいぬ》をもらってほしい人《ひと》がいるみたいなの。
あら、この子犬《こいぬ》…。
ねえ、かってもいいでしょ?
西暦《せいれき》2×××年《ねん》
令和時代《れいわじだい》の画像《がぞう》があったわよ。ご先祖様《せんぞさま》のアルバムみたい!!
見《み》て見《み》て
これって…もしかして!?
新《あたら》しい家族《かぞく》がふえた日《ひ》
名前《なまえ》はジャコ丸《まる》くん♡
ボクの、ひいひいひいひいひいひい、おじいちゃん!!

インターネット用語集《ようごしゅう》

ア

アカウント…35・36・55
インターネット上のサービスを利《り》用《よう》する権利《けんり》。

アクセス…143
インターネット上《じょう》の情報《じょうほう》を見《み》たり取《と》り出《だ》したりすること。

アップデート…96
ソフトウェア（ＯＳ《オーエス》やアプリケーションソフト）などを最新《さいしん》の状態《じょうたい》にすること。

アプリケーションソフト…117・120
音楽《おんがく》やゲーム、カメラ、地図《ちず》など特定《とくてい》の機能《きのう》のために作《つく》られたソフトウェアのこと。アプリ。

インストール…95
パソコンやスマホなどに、ソフトウェア（ＯＳ《オーエス》やアプリ）を導入《どうにゅう》し、使《つか》えるようにすること。

引用《いんよう》…82
他人《たにん》が書《か》いた文章《ぶんしょう》などを自分《じぶん》の文《ぶん》章《しょう》の中《なか》で使《つか》うこと。

ウイルス…63・95
不正《ふせい》プログラムのこと。

ウェブサイト…26・115
さまざまなウェブページがつながっているもの。

ウェブブラウザ…57・115
ウェブページを見《み》るためのソフトウェアのこと。

炎上《えんじょう》…52・53・132
ネット上《じょう》で大勢《おおぜい》の人《ひと》から一気《いっき》に批《ひ》判《はん》や誹謗中傷《ひぼうちゅうしょう》されること。

オートセーブ…137
オンラインゲームなどで自動的《じどうてき》にデータを保存《ほぞん》すること。

オンライン…136
インターネットに接続《せつぞく》している状《じょう》態《たい》のこと。接続《せつぞく》していない状態《じょうたい》はオフライン。

オンラインゲーム…40・84・136
インターネットに接続《せつぞく》して遊《あそ》ぶ、コンピューターゲームのこと。

カ

課金《かきん》…87
代金《だいきん》を支払《しはら》うこと。元《もと》は、代金《だいきん》を受《う》け取《と》る側《がわ》が使《つか》う言葉《ことば》で、「ゲーム料金《りょうきん》が課金《かきん》される」のように使《つか》う。

拡散《かくさん》…51・52・65
ＳＮＳ《エスエヌエス》などで、情報《じょうほう》が広《ひろ》まること。

クラウド…142
クラウドコンピューティング。インターネット上《じょう》にデータを保存《ほぞん》できるしくみのこと。

クリック…63
マウスのボタンをおすこと。

検索《けんさく》…14・16・140
あることについて調《しら》べること。

サ

サーバー…112
インターネット上《じょう》で、さまざまなサービスを提供《ていきょう》する中心的《ちゅうしんてき》なコンピューターのこと。ウェブサーバー、

インターネット用語集《ようごしゅう》

メールサーバー、ドメインサーバーなどがある。

ジオタグ…47
スマホやデジカメなどで撮影《さつえい》した写真《しゃしん》データにうめこまれる位置情報《いちじょうほう》のこと。

肖像権《しょうぞうけん》…48
自分《じぶん》の顔《かお》や姿《すがた》を写真《しゃしん》や動画《どうが》にとられたり、公開《こうかい》されたりしない権利《けんり》。

スクリーンショット…53
パソコンやスマホに表示《ひょうじ》されている画面《がめん》を写真《しゃしん》にとること。スクショ。

ストレージ…117・119
データを保存《ほぞん》するためのもの。

ソフトウェア…117・120
コンピューターに対《たい》して命令《めいれい》を出《だ》すプログラムのこと。

タ

ダウンロード…40・77
インターネット上《じょう》にあるデータを、自分《じぶん》のパソコンやスマホなどにコピーして保存《ほぞん》すること。

端末《たんまつ》…143
インターネットに接続《せつぞく》できる機器《きき》のこと。パソコンやスマホ、タブレットなど。デバイスともいう。

チャット…37・59・84
オンラインで、文字《もじ》でおしゃべりするしくみのこと。実際《じっさい》にしゃべることができるボイスチャットもある。

著作権《ちょさくけん》…74
作品《さくひん》をつくった人《ひと》がもつ権利《けんり》のこと。自分《じぶん》の作品《さくひん》を他人《たにん》に勝手《かって》に利用《りよう》されないようにするためのもの。

転送《てんそう》…65
受《う》け取《と》ったメールを、そのまま別《べつ》の人《ひと》に送信《そうしん》すること。

添付《てんぷ》ファイル…63
メールでやりとりをするときに、いっしょに送《おく》ることのできるさまざまなデータのこと。

投稿《とうこう》…35・46
ＳＮＳ《エスエヌエス》などで、情報《じょうほう》を発信《はっしん》すること。

ハ

ハードウェア…117・118
コンピューターのＣＰＵ《シーピーユー》や、メモリ、ストレージ、入出力装置《にゅうしゅつりょくそうち》などのこと。

バズる…52
「おもしろい！」「感動《かんどう》！」のような共感《きょうかん》がネット上《じょう》で一気《いっき》に広《ひろ》まること。

パスワード…39・55
本人《ほんにん》かどうかを確認《かくにん》するために必要《ひつよう》となる、数字《すうじ》やアルファベットなどを組《く》み合《あ》わせたもの。ＩＤ《アイディー》とセットで使《つか》うことが多《おお》い。

誹謗中傷《ひぼうちゅうしょう》…51
他人《たにん》を傷《きず》つける言葉《ことば》やうわさを言《い》いふらすこと。

フィッシング詐欺《さぎ》…63
メールなどを送《おく》りつけて、個人情報《こじんじょうほう》をだまし取《と》る詐欺《さぎ》のひとつ。

インターネット用語集《ようごしゅう》

フィルタリング…96
有害《ゆうがい》なサイトを閲覧《えつらん》できないように制限《せいげん》する機能《きのう》のこと。

プライバシーポリシー…144
インターネット上《じょう》のサービスを受《う》ける者《もの》の個人情報《こじんじょうほう》の提供者《ていきょうしゃ》が、サービスを受《う》ける者《もの》の個人情報《こじんじょうほう》の取《と》り扱《あつか》い方《かた》について示《しめ》したもの。

フリーズ…95
パソコンやスマホが不具合《ふぐあい》により動《うご》かなくなること。

ブルーライト…23
パソコンやスマホ、テレビなどの画面《がめん》から出《で》ている目《め》には見《み》えない青色《あおいろ》の光線《こうせん》のこと。

プロバイダ…111・112
インターネットの接続《せつぞく》事業者《じぎょうしゃ》のこと。

マ

マナーモード…22
スマホの着信音《ちゃくしんおん》などが鳴《な》らないようにする設定《せってい》のこと。

メール…37
電子《でんし》メール（e《イー》メール）のこと。@《アットマーク》のつくメールアドレスを使《つか》ってやりとりする。

メディア…26
新聞《しんぶん》やテレビ、ラジオ、インターネットなど、情報《じょうほう》を得《え》るときに利用《りよう》するもの。

メモリ…117・119
コンピューターのデータを、一時的《いちじてき》に記憶《きおく》するためのもの。

アルファベット

CPU《シーピーユー》…117・118
コンピューターの中《なか》で、中心的《ちゅうしんてき》な働《はたら》きをするところ。中央処理装置《ちゅうおうしょりそうち》。

DM《ディーエム》…59・60・63
ダイレクトメッセージ。SNS《エスエヌエス》など、本人《ほんにん》あてに直接送《ちょくせつおく》ることのできるメッセージのこと。

e《イー》**スポーツ**…67
コンピューターゲームを使《つか》った競技《きょうぎ》のこと。エレクトロニックスポーツ。

GPS《ジーピーエス》…15・47
人工衛星《じんこうえいせい》を利用《りよう》して、現在《げんざい》いる場所《ばしょ》を知《し》ることができるしくみのこと。

HP《エイチピー》…115
ホームページ。ウェブサイトの最初《さいしょ》のページのこと。

ICT《アイシーティー》…107
インターネットなど、情報通信技術《じょうほうつうしんぎじゅつ》のこと。

ID《アイディー》…39・55
個人《こじん》を特定《とくてい》するための名前《なまえ》のようなもの。メールアドレスがID《アイディー》として使《つか》われることもある。

IoT《アイオーティー》…19
さまざまなモノがインターネットにつながる状態《じょうたい》のこと。モノのインターネット。

IT《アイティー》**リテラシー**…146
インターネットやスマホ・パソコンなどを使《つか》いこなす力《ちから》のこと。

インターネット用語集《ようごしゅう》

LAN《ラン》…111
家《いえ》や会社《かいしゃ》、学校《がっこう》など、同《おな》じ建物《たてもの》の中《なか》で使《つか》われるコンピューターのネットワークのこと。

OS《オーエス》…109・117・120
パソコンやスマホなどを動《うご》かすための基本的《きほんてき》なソフトウェアのこと。

SMS《エスエムエス》…37
携帯電話《けいたいでんわ》の番号《ばんごう》で、短《みじか》いメッセージをやりとりするしくみのこと。

SNS《エスエヌエス》…35
人《ひと》と人《ひと》がコミュニケーションをとることができる、インターネット上《じょう》のサービスのこと。

URL《ユーアールエル》…53・63・115
あるウェブページが、インターネット上《じょう》のどこにあるかを示《しめ》す住所《じゅうしょ》のようなもの。

Wi《ワイ》**-Fi**《ファイ》…96・111・112
無線《むせん》でインターネットにつながるしくみのこと。

一人《ひとり》でなやまないで。

ネット・SNS《エスエヌエス》・いじめなどでこまったときの相談先《そうだんさき》

相談《そうだん》したいけれど、先生《せんせい》や家《いえ》の人《ひと》には言《い》いにくい。そんなときは、下《した》の相談先《そうだんさき》をたよってみて。きっと力《ちから》になってくれるよ。

電話《でんわ》 子《こ》どもの人権《じんけん》110番《ばん》（法務省《ほうむしょう》）
0120-007-110 通話料無料《つうわりょうむりょう》［月《げつ》～金《きん》］8時《じ》30分《ぷん》～17時《じ》15分《ふん》

メール 子《こ》どもの人権《じんけん》SOS《エスオーエス》 e《イー》メール（法務省《ほうむしょう》）
https://www.jinken.go.jp/soudan/PC_CH/0101.html

電話《でんわ》 24時間《じかん》子供《こども》SOS《エスオーエス》ダイヤル（文部科学省《もんぶかがくしょう》）
0120-0-78310 通話料無料《つうわりょうむりょう》 24時間《じかん》いつでも

電話《でんわ》・チャット チャイルドライン（NPO法人《エヌピーオーほうじん》チャイルドライン支援《しえん》センター）
0120-99-7777 通話料無料《つうわりょうむりょう》 12月《がつ》29日《にち》～1月《がつ》3日《か》以外《いがい》の16時《じ》～21時《じ》
https://childline.or.jp
16時《じ》～21時《じ》 チャットができる日《ひ》は、ウェブサイトで確《たし》かめてね

保護者のかたへ　～ご自宅でのインターネットの使い方～

インターネットは、今後もますます生活の中で便利に進化していくでしょう。お子様がトラブルに巻きこまれないように適宜サポートをしてあげてください。

❶フィルタリング設定をしましょう

ネットには、犯罪、薬物、詐欺、アダルト、自殺などの内容を扱うさまざまな有害サイトがあります。このような有害サイトを閲覧することで、犯罪に巻き込まれたり、ウイルスに感染したりする場合もあります。

フィルタリングは、有害サイトにアクセスできないようにし、お子様をトラブルから守る機能です。また、利用時間の確認や制限、アプリの制限、課金の管理などもできますので（ペアレンタルコントロール）、必ず設定してください。

携帯電話事業者の「あんしんフィルター」

18歳未満の青少年がスマホや携帯電話を契約する場合、携帯電話事業者にはフィルタリングの提供が義務付けられており、NTTdocomo、au、SoftBank、Y!mobile、UQ mobileでは「あんしんフィルター」、Rakuten Mobileでは「あんしんコントロール by i-フィルター」というアプリがあります。

契約時に携帯電話事業者のサービスを利用していない場合には、スマホにも同様の機能がありますので、以下のものを保護者のかたが設定をしてください。

iOSの場合………「スクリーンタイム機能」
Androidの場合…「ファミリーリンク機能」　（2023年３月現在）

❷お子様の使い方を見守りましょう

フィルタリング設定をしても、100％安全ということはありません。サイトの閲覧履歴やアプリごとの利用時間などをこまめに確認するようにしてください。

❸家族で使い方のルール作りを！

新しくスマホを持たせる際には、お子様と話し合って使い方のルールを決めましょう。ルールを作った後も、お子様の成長に合わせて定期的な話し合いとルールの見直しをすることをおすすめします。

●**使う時間と場所**

例）夜は8時まで。使う時間は1日に30分。

条件 家族がいる部屋で使う。自分の部屋では使わない。

●**使い方**

例）ゲーム…勝手に課金をしない。

SNS… やりとりをしていいのは家族と学校の友だちだけ。
写真や動画の投稿は、家の人に見せてから。
SNSで知り合った人と勝手に会わない。

条件 トラブルが起きたときは、すぐに相談をすること。

●**ルールを守れなかったときのペナルティ**

例） 1週間ネット禁止

インターネット・SNSに関する相談先

◆**インターネットホットライン連絡協議会**

https://www.iajapan.org/hotline/

相談先を探すためのサイトです。

◆**警察庁サイバー警察局**

https://www.npa.go.jp/bureau/cyber/

相談窓口のページに全国各地の相談先へのリンクがあります。

◆**誹謗中傷ホットライン**（一般社団法人セーファーインターネット協会）

https://www.saferinternet.or.jp/bullying/

誹謗中傷についての相談ができます。

◆**消費者ホットライン**（消費者庁）

188（局番は不要）

ネットショッピングなどのトラブル相談先を案内してもらえます。

おわりに

保護者のかたへ

この本は、ここ30年の間で世界中の人々が使うようになった「インターネット」の使い方、向き合い方を子ども向けに説明した本です。インターネットのおかげで、保護者のかたの生活も、気づけばガラリと変わっていたことと思います。私自身の生活でも、できることがとてつもなく広がっていきました。

弊社ワンダーファイが運営する、思考力育成アプリ『シンクシンク』もインターネットを使ったツールですし、一緒に働いている仲間にはＳＮＳを通じて知り合った人も多いです。仕事での連絡手段も今やほとんどがＳＮＳです。

インターネットはそんなすばらしい道具ですが、使い方を間違えると危険もたくさんあります。進化や変化が激しい分、保護者のかたもわからないことが多いのではないでしょうか。お子様のインターネットの使い方についても、心配が尽きないかと思います。そういった不安や、いつ頃からどんな使用環境でお子様に与えたらいいのか、という疑問に対して、本書は基本的な考え方を説明しています。

たとえば、いつからスマホを持たせたらいいのかという疑問に関しては、「子どもが保護者にプレゼンテーションをして、子ども自身で使い方の約束を考える」。その内容に保護者が納得できたときが「自分専用スマホを持つ時期」と説明しています（⬇１３４ページ）。

本書は、できるだけお子様に伝わりやすいようにマンガを豊富に用い、楽しく読みながら学べるように構成されています。保護者のかたが伝えたいことをお子様に話す際も、「ここにも書かれているね」などと、本を見せながら会話にご活用いただければと思います。

インターネット自体やルールについては、日々変化していくものですので、子どもに困ったことがあったとき、すぐに相談してもらえるような関係性を、日頃からご家族で築いてもらいたいと考えています。

―お子様が保護者のかたや周りの大人とよい関係を築けるようになる―

この文章を読んでいるかたにはそのサポートをお願いしたいと思っています。本書が皆さんのコミュニケーションに少しでも役立てば幸いです。

安全にインターネットと向き合えるご家庭が増え、インターネットのおかげでたくさんの素敵な出会いにつながり、世界が広がるかたが増えることを願っています。

川島慶

監修《かんしゅう》　川島慶（かわしま けい）

ワンダーファイ株式会社代表取締役《かぶしきがいしゃだいひょうとりしまりやく》CEO《シーイーオー》。東京大学大学院工学系研究科修了《とうきょうだいがくだいがくいんこうがくけいけんきゅうかしゅうりょう》。開発《かいはつ》した思考力育成《しこうりょくいくせい》アプリ『シンクシンク』は世界《せかい》150か国《こく》に200万《まん》ユーザーを持《も》つ。算数《さんすう》オリンピックの問題作成《もんだいさくせい》にも携《たずさ》わる。

どんな子《こ》だった？

2才年上《さいとしうえ》の兄《あに》、4才年下《さいとしした》の妹《いもうと》がいて、兄《あに》を見《み》て何《なん》でも自発的《じはつてき》に取《と》り組《く》む子《こ》だったそうです。鉄棒《てつぼう》の逆上《さかあ》がり、なわとびの二重《にじゅう》とびなど、一人《ひとり》でこっそり練習《れんしゅう》して、クラスで一番早《いちばんはや》くできるようになることを目指《めざ》していました。祖父母《そふぼ》の家《いえ》にたくさんあったパズル本《ぼん》の影響《えいきょう》で、考《かんが》えることが好《す》きになったのかもしれません。

マンガ　笠原ひろひと（かさはら ひろひと）

イラストレーター・マンガ家《か》。埼玉県出身《さいたまけんしゅっしん》。明《あか》るく楽《たの》しい、思《おも》わずニヤッとしてしまうようなイラストが得意《とくい》。

どんな子《こ》だった？

子《こ》どもの頃《ころ》は今《いま》のように携帯電話《けいたいでんわ》もネットもありませんでした。友《とも》だちとの待《ま》ち合《あ》わせで会《あ》えなかったら大変《たいへん》！　相手《あいて》が来《こ》なかったらひたすら待《ま》つ…。自分《じぶん》がちこくした時《とき》は、猛《もう》ダッシュで走《はし》っていました。

【スタッフ】
本文デザイン　加藤朝代（編集室クルー）
装丁デザイン　鈴木大輔・江﨑輝海（ソウルデザイン）
校正　くすのき舎
編集協力　板谷路子

※本書は、2023年３月現在の情報をもとに作成しています。

10才《さい》からのインターネットのルールと使《つか》い方《かた》

2023年　4月10日　第1刷発行

監　修　川島慶
マンガ　笠原ひろひと

発行者　永岡純一
発行所　株式会社永岡書店
〒176-8518　東京都練馬区豊玉上1-7-14
（代表）03-3992-5155　（編集）03-3992-7191

印刷・製本　クループリンティング

ISBN978-4-522-44026-1　C8076
乱丁本・落丁本はお取替えいたします。